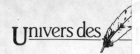

Univers des

Sous la direction de Fernand Angué

# M O L I E R E

# L'ÉCOLE
# DES FEMMES

Comédie
avec une notice sur le théâtre au XVIIe siècle,
une biographie chronologique de Molière,
une étude générale de son œuvre, une analyse
méthodique de la pièce, des notes,
des questions, des jugements

par

Pierre CABANIS
Professeur de Première honoraire

**Bordas**

Gravure de Chauveau pour l'édition originale

© Bordas, Paris 1963 - 1re édition
© Bordas, Paris 1985 pour la présente édition
I.S.B.N. : 2-04-016050-7.    I.S.S.N. 1142-6543.

# LE THÉÂTRE AU XVIIᵉ SIÈCLE

**Origines du théâtre parisien**

1402  (décembre) Les Confrères de la Passion (société de bons bourgeois : tapissiers, merciers, épiciers, notables) sont installés par Charles VI à l'hôpital de la Sainte-Trinité, rue Saint-Denis. Ils y présentent des mistères, des farces, des moralités.

1539  Ils transportent leur siège à l'Hôtel de Flandre.

1543  Celui-ci démoli, ils font construire une salle à l'emplacement de l'hôtel des anciens ducs de Bourgogne (il en reste la Tour de Jean-sans-Peur et une inscription au n° 29 de la rue Étienne-Marcel), tout près de l'ancienne Cour des Miracles.

1548  (17 novembre) Un arrêt du Parlement défend aux Confrères la représentation des pièces religieuses, leur réservant en retour « le monopole des représentations dramatiques à Paris, dans ses faubourgs et dans sa banlieue » (A. Adam); ce monopole sera renouvelé par Henri IV en 1597.

**Les troupes au XVIIᵉ siècle**

1. L'**Hôtel de Bourgogne.** — Locataires de la Confrérie, les « Comédiens français ordinaires du Roi », dirigés par Bellerose après Valleran le Conte, sont des « artistes expérimentés » mais, vers 1660, leur équipe a vieilli. Ils reçoivent une pension de 12 000 livres que leur avait fait donner Richelieu.

2. Fondé en 1629, le **Théâtre du Marais,** qui fit triompher *le Cid* en 1637, n'a plus, en 1660, « un seul bon acteur ny une seule bonne actrice », selon Tallemant des Réaux. La troupe cherche son salut dans les représentations à grand spectacle. Elle ne touche plus aucune pension.

3. Les **Italiens** sont animés par Tiberio Fiurelli, dit Scaramouche. Ils improvisent, sur un canevas, selon le principe de la *commedia dell'arte*. S'exprimant en italien, ils sont « obligés de gesticuler [...] pour contenter les spectateurs », écrit Sébastien Locatelli. Ils reçoivent 16 000 livres de pension générale et des pensions à titre personnel.

4. La **troupe de Molière** s'installe à Paris en 1658, d'abord au Petit-Bourbon, puis au Palais-Royal; en 1665, devenue Troupe du Roi, elle reçoit 6 000 livres de pension. « Tous les acteurs aimaient M. de Molière leur chef, qui joignait à un mérite et à une capacité extraordinaires une honnêteté et une manière obligeante qui les obligea à lui protester qu'ils voulaient courir sa fortune, et qu'ils ne le quitteraient jamais, quelque proposition qu'on leur fît et quelque avantage qu'ils pussent trouver ailleurs » (préface de Vinot et La Grange pour l'édition des Œuvres de Molière, 1682).

3

5. **L'Opéra** inauguré le 3 mars 1671 au Jeu de paume de Laffemas, près de la rue de Seine et de la rue Guénégaud, sera dirigé, à partir de l'année suivante, par Lully.

6. **Autres troupes** plus ou moins éphémères : celle de Dorimond; les Espagnols; les danseurs hollandais de la foire Saint-Germain; les animateurs de marionnettes. Enfin, de dix à quinze troupes circulent en province, selon Chappuzeau.

En **1673** (ordonnance du 23 juin), la troupe du Marais fusionne avec celle de Molière, qui a perdu son chef. Installés à l'hôtel Guénégaud, ces **comédiens associés** se vantent d'être les Comédiens du Roi; cependant, ils ne touchent aucune pension.

En **1680** (18 août), ils fusionnent avec les Grands Comédiens; ainsi se trouve fondée la **Comédie-Française**. « Il n'y a plus présentement dans Paris que cette seule compagnie de comédiens du Roi entretenus par Sa Majesté. Elle est établie en son hôtel, rue Mazarini [puis rue des Fossés Saint-Germain, aujourd'hui rue de l'Ancienne-Comédie, à partir de 1689], et représente tous les jours sans interruption; ce qui a été une nouveauté utile aux plaisirs de cette superbe ville, dans laquelle, avant la jonction, il n'y avait comédie que trois fois chaque semaine, savoir le mardi, le vendredi et le dimanche, ainsi qu'il s'était toujours pratiqué » (Vinot et La Grange).

## Les comédiens : condition morale

Par ordonnance du 16 avril 1641, Louis XIII les a relevés de la déchéance qui les frappait : « Nous voulons que leur exercice, qui peut innocemment divertir nos peuples de diverses occupations mauvaises, ne puisse leur être imputé à blâme, ni préjudice à leur réputation dans le commerce public. »

Cependant, le *Rituel du diocèse de Paris* dit qu'il faut exclure de la communion « ceux qui sont notoirement excommuniés, interdits et manifestement infâmes : savoir les [...] comédiens, les usuriers, les magiciens, les sorciers, les blasphémateurs et autres semblables pêcheurs. » La *Discipline des protestants de France* (chap. XIV, art. 28) stipule : « Ne sera loisible aux fidèles d'assister aux comédies et autres jeux joués en public et en particulier, vu que de tout temps cela a été défendu entre chrétiens comme apportant corruption de bonnes mœurs. »

En revanche, le *Privilège* donné par Louis XIV à l'Académie royale de musique lors de son institution en 1669 précise : « Voulons et Nous plaît, que tous les Gentilshommes, Damoiselles, et autres personnes puissent chanter audit Opéra, sans que pour ce ils dérogent en titre de Noblesse, ni à leurs Privilèges, Charges, Droits et Immunités » (Durey de Noinville, *Hist. du théâtre de l'Acad. royale de musique*, 2ᵉ éd., 1757, I, p. 79-80).

## Les comédiens : condition matérielle

Les comédiens gagnent largement leur vie : de 2 500 à 6 000 livres par an ; ils reçoivent une retraite de 1 000 livres lorsqu'ils abandonnent la scène (un charpentier gagne ½ livre par jour en 1660). La troupe forme une société : chacun touche une part, une moitié ou un quart de part des recettes — déduction faite des 80 livres de frais (un copiste, deux décorateurs, les portiers, les gardes, la receveuse, les ouvreurs, les moucheurs de chandelles) que coûte à peu près chaque représentation. Le chef des Grands Comédiens touche une part et demie. Molière en touche deux, à cause de sa qualité d'auteur (les auteurs ne recevaient pas, comme aujourd'hui, un pourcentage sur les recettes).

## Les salles

Dans les trois théâtres, la plupart des spectateurs sont debout, au parterre. Certains occupent la scène — des hommes seulement — côté cour et côté jardin [1] : deux balustrades les isolent des comédiens qui se tiennent au centre du plateau. D'autres spectateurs occupent les galeries, les loges. Une buvette offre des limonades, des biscuits, des macarons.

Le prix des places est passé de 9 sous (en 1640) à 15 sous (en 1660) pour le parterre ; de 10 sous (en 1609) à 19 sous (en 1632), puis à un demi-louis (en 1660), soit 110 sous (prix indiqué dans *la Critique de l'École des femmes* — sc. 5 — en 1663), pour les galeries, le plateau ou les loges. On saisissait d'ailleurs toute occasion d'élever les prix : pièces « à machine », nouveautés, grands succès. Pour *la Toison d'Or* de Corneille (1660), on dut payer un demi-louis au parterre et un louis dans les loges. Les Grands (princes du sang, ducs et pairs), les mousquetaires et les pages du roi entrent au théâtre sans payer. Les pages suscitent parfois du désordre que le Lieutenant de police doit réprimer.

Chassés de l'hôtel Guénégaud en 1687, les Comédiens français s'installeront le 8 mars 1688 au jeu de paume de l'Étoile, rue des Fossés-Saint-Germain (aujourd'hui, de l'Ancienne Comédie) où ils resteront jusqu'en 1770. Inaugurée le 18 avril 1689, la nouvelle salle accueillera près de 2 000 spectateurs ; vingt-quatre lustres l'illumineront, mais il n'y aura de sièges au parterre qu'en 1782, dans la salle que nous nommons l'Odéon.

Annoncées pour 2 heures (affiches rouges pour l'Hôtel de Bourgogne, rouges et noires pour la troupe de Molière), les représentations ne commencent qu'à 4 ou 5 heures, après vêpres.

Il y a un rideau de scène, mais on ne le baisse jamais, à cause des spectateurs assis sur le plateau ; des violons annoncent l'entracte.

---

1. Regardons la scène, conseillait Paul Claudel, et projetons-y les initiales de *Jésus-Christ*, nous saurons où est le côté *Jardin* et le côté *Cour*.

# LA VIE DE MOLIÈRE (1622-1673)

1622   (15 janvier). Baptême de Jean (nommé Jean-Baptiste en 1624 quand un second fils est baptisé Jean) POQUELIN à l'église Saint-Eustache (on ignore la date de naissance, ses parents étaient mariés depuis huit mois et dix-huit jours). La mère, Marie CRESSÉ, fille d'un tapissier, sait lire et écrire; elle mourra en 1632.

Le père, Jean Poquelin, riche marchand tapissier rue Saint-Honoré (vers le n° 96 d'aujourd'hui), achète à son frère Nicolas, en 1631, un office de tapissier ordinaire du roi; en 1633, il se remarie avec une autre fille de marchand, mais illettrée, Catherine FLEURETTE, qui mourra en 1636, le laissant veuf avec cinq enfants. « Tous les jours, les valets de chambre tapissiers aident à faire le lit du Roy. Ils sont obligés de garder les meubles de campagne pendant leur quartier et de faire les meubles de Sa Majesté. Ils confectionnent les meubles usuels, garnitures de lit, rideaux, fauteuils, tabourets, réparent et entretiennent les meubles quand la Cour marche en campagne » (document cité par Abel Lefranc [1]).

1633?-1639.  Jean-Baptiste chez les Jésuites du Collège de Clermont (aujourd'hui lycée Louis-le-Grand) qui compte près de 2 000 externes et 300 pensionnaires; les fils de grands seigneurs sont placés, en classe, devant une barrière de bois doré qui les sépare des autres élèves (le prince de Conty [2] y aura sa place, quelques années après la scolarité de Molière).

1642   Études de droit à Orléans; il obtient sa licence, sans doute contre « épices » :

> Je sortis du collège et j'en sortis savant,
> Puis, venu d'Orléans où je pris mes licences...
> *Élomire hypocondre*, sc. 2.

Après avoir été inscrit au Barreau six mois durant, Jean-Baptiste remplace son père — qui veut l'éloigner des Béjart — comme tapissier valet de chambre du roi (à qui il a prêté serment dès 1637) durant le voyage de celui-ci à Narbonne.

— Peut-être le grand-père Cressé (il signait : Louis *de* Cressé; pensons à M. Jourdain) conduisit-il l'enfant à l'Hôtel de Bourgogne.

— Peut-être le grand-père Poquelin lui donna-t-il l'occasion d'écouter et de voir les farceurs enfarinés : Turlupin, Gros-Guillaume, Gaultier-Garguille (mort en 1635), Guillot-Gorju (mort en 1648).

— Peut-être le jeune homme subit-il l'influence du philosophe épicurien Paul Gassendi, installé à Paris en 1641, et connut-il les épicuriens Chapelle, La Mothe le Vayer, Cyrano de Bergerac, d'Assoucy, qu'il devait fréquenter plus tard.

---

1. *Revue des Cours et Conférences*, 1909. — 2. La terre de Conty (et non *Conti*) se trouve en Picardie.

1643    (16 juin). Jean-Baptiste signe, avec les Béjart (Joseph, Madeleine et Geneviève, enfants d'un huissier à la maîtrise des Eaux et Forêts), l'acte de constitution de l'**Illustre Théâtre;** mais c'est Madeleine la directrice. Protégée par le baron de Modène, elle a une fille (ou une sœur : on discute toujours de la question), Armande, âgée de cinq ans.

      Opinion de M. Jasinski (1951) : « Dans l'état actuel des connaissances, la question demeure insoluble. »

      Opinion de M. Adam (1956) : « Les érudits du xixe siècle ont fait l'impossible pour démontrer [...] qu'Armande était bien la sœur de Madeleine. Mais tous les documents qu'ils ont mis à jour, par cela seul que ce sont des actes notariés, ne portent témoignage que de la vérité officielle adoptée par la famille. »

      Opinion de M. Jacques Scherer (1958) : « Jeune sœur et non, semble-t-il, fille de Madeleine. »

1644    (1er janvier). Après quelques représentations en province, débuts de la troupe au Jeu de paume des Métayers (il appartenait à Nicolas et Louis Métayer); en juillet, Jean-Baptiste prend le pseudonyme de **Molière** et devient directeur; en décembre, la troupe s'installe au Jeu de paume de la Croix-Noire.

1645    Les affaires devenues franchement mauvaises, Molière est emprisonné pour dettes au Châtelet, durant quelques jours.

1645-1658    Molière libéré, l'Illustre Théâtre cherche fortune en province où il mène une vie moins famélique que celle dont Scarron nous a laissé le tableau dans *le Roman comique* (1651). La troupe est, en effet, protégée par le duc d'Épernon, gouverneur de Guyenne, qui lui donne pour directeur le comédien Charles Dufresne. Principales étapes : Albi, Carcassonne (1647); Nantes (1648); Toulouse, Narbonne (1649). En 1650, Molière reprend la direction de la troupe qui séjourne à Agen, **Lyon, Pézenas** (1650) : selon la légende, Molière se postait chez le perruquier Gely, dans un fauteuil que l'on montre encore à Pézenas, pour entendre les conversations et observer les clients; Vienne, Carcassonne (1651); Grenoble, Lyon, Pézenas (1652). En 1653, la troupe passe sous la protection du **prince de Conty** (frère du Grand Condé), nouveau gouverneur de Guyenne, puis gouverneur du Languedoc. Montpellier, Lyon (1654); Avignon, Lyon, Pézenas (1655); Narbonne, Béziers (1656). En 1657, le prince de Conty, converti, retire son patronage à la troupe qui passe au service du gouverneur de Normandie; Lyon, Dijon, Avignon (1657); Lyon, Grenoble, Rouen (1658) où Molière rencontre Corneille. Durant ces tournées, le comédien compose des farces dont la plupart sont perdues (certaines n'étaient qu'un canevas sur lequel brodaient les acteurs). Il présente le personnage de **Mascarille** dans ses premières pièces connues : *l'Étourdi*, joué à Lyon en 1655; *le Dépit amoureux*, joué à Béziers en 1656.

1658    (12 juillet). La troupe (dix acteurs et actrices) loue à Paris le Jeu
        de paume du Marais (il y avait 120 jeux de paume à Paris, et la
        vogue de la paume commençait à passer). Protégée par **Monsieur,**
        frère unique du roi, elle se taille bientôt une réputation inégalable
        dans le comique. En conséquence, le roi l'installe dans la salle du
        **Petit-Bourbon** où elle joue les lundi, mercredi, jeudi et samedi
        (les autres jours étant réservés aux Comédiens italiens).

1659    (18 novembre). On joue **les Précieuses ridicules** (après *Cinna*) avec
        un succès éclatant. La pièce est imprimée en janvier 1660 : les
        auteurs sont « à présent mes confrères », ironise le comédien.

1660    Molière crée le personnage aux moustaches tombantes de **Sgana-**
        **relle** [1] (le « laid humain personnifié et qui fait rire », selon Sainte-
        Beuve) et devient, selon Somaize, « le premier farceur de France ».
        Son frère étant mort, Molière reprend l'office de tapissier valet de
        chambre du roi.

1662    (20 février). A Saint-Germain-l'Auxerrois, il épouse **Armande**
        **Béjart** (elle a une vingtaine d'années de moins que lui : pensons à
        Arnolphe devant Agnès), fille ou sœur de Madeleine.
        Dans la magnifique salle du **Palais-Royal** (on démolit le Petit-
        Bourbon depuis octobre 1660 afin d'ériger la colonnade du Louvre)
        qu'elle partage avec les Italiens, et où elle restera jusqu'à la mort
        de Molière, la troupe triomphe [2] dans **l'École des femmes.** Molière
        reçoit la première pension accordée par le roi à un comédien.
        L'envie, la jalousie suscitent des cabales dirigées par les comédiens
        de l'Hôtel de Bourgogne (c'est la « guerre comique ») : on dénonce
        l'impiété de Molière; il a pour amis des gassendistes, disciples
        d'Épicure, et un historien catholique de nationalité suisse,
        M. Gonzague de Reynold, parle encore ainsi aujourd'hui (*Le*
        *XVIIe siècle*, 1944, p. 63) de l'épicurisme : « C'est l'adversaire avec
        lequel on ne compose jamais. »

1664    (février). Réplique royale : le premier-né (qui mourra en mai) de
        Molière a pour parrain le roi et pour marraine Madame (à laquelle
        *l'École des femmes* sera dédiée avec reconnaissance).

1664    (du 8 mai au 13 mai). Molière anime « les plaisirs de l'Ile enchantée ».

1664    (12 mai). Première représentation publique du *Tartuffe*. Mais,
        influencé par les dévots, le roi interdit de jouer la pièce en public.

1665    (15 août). *Dom Juan*[3] au Palais-Royal : 15 représentations seule-
        ment.

1665    (15 août). La troupe devient la **Troupe du Roi.**

---

1. Sganarelle apparaît dans *le Médecin volant* (valet de Valère), *le Cocu imagi-*
*naire* (bourgeois de Paris), *l'École des Maris* (tuteur d'Isabelle), *Dom Juan* (valet
de Don Juan), *l'Amour médecin* (bourgeois, père de Lucinde), *le Médecin malgré*
*lui* (fagotier, mari de Martine). — 2. Elle joue maintenant les mardi, vendredi et
dimanche, comme les Grands Comédiens. — 3. M. Antoine Adam (*Histoire de la*
*littérature française au XVIIe siècle*, III, p. 321) a expliqué pourquoi il faut écrire
*Dom* pour le titre de la pièce et *Don* pour le personnage.

1665    (27 novembre). Molière tombe malade d'une fluxion de poitrine et
        se trouve écarté de la scène durant deux mois. Il subit une rechute
        en 1666 et ne remontera sur les planches qu'en juin 1667.

1667    Armande et lui ayant décidé de vivre séparément, Molière loue un
        appartement dans le village d'Auteuil, afin de s'y reposer en
        compagnie de Chapelle, de Boileau et du petit Baron, âgé de
        quatorze ans, dont il fera un comédien.

1667    (5 août). Seconde représentation publique du *Tartuffe*, sous le
        titre de *l'Imposteur*. Le lendemain Lamoignon interdit la pièce.

1669    (5 février). Le roi ayant levé l'interdiction de jouer *Tartuffe*, la
        recette atteint le chiffre record de 2 860 livres.

1669    (23 février). Mort de Jean Poquelin, père de Molière.

1672    (17 février). Mort de Madeleine Béjart, à cinquante-cinq ans, après
        une longue maladie (elle s'était repentie depuis un certain temps).

**1673**    (17 février). **Molière tombe malade** durant la quatrième représen-
        tation du *Malade imaginaire* et **meurt** (de tuberculose ?) en son
        logis, rue de Richelieu. « Il passa des plaisanteries du théâtre au
        tribunal de Celui qui dit : *Malheur à vous qui riez, car vous pleu-
        rerez* » (Bossuet). Il faudra six jours aux hommes de loi pour
        faire l'inventaire de ses biens.

1673    (21 février, 9 heures du soir). Après intervention du roi auprès de
        Mgr de Harlay, archevêque de Paris, on enterre le poète de nuit
        (car il était mort sans avoir renié sa vie de comédien devant un
        prêtre), au cimetière Saint-Joseph, dans le terrain réservé aux
        enfants mort-nés (donc non baptisés), « sans autre pompe sinon de
        trois ecclésiastiques ». Cependant, le même mémorialiste ajoute :
        « Quatre prêtres ont porté le corps dans une bière de bois, cou-
        verte du poêle des tapissiers, six enfants bleus portant six cierges
        dans six chandeliers d'argent, plusieurs laquais portant des flam-
        beaux de cire allumés »; huit cents personnes, dont Boileau et
        Chapelle, assistèrent aux funérailles.

1677    (29 mai). Armande épouse le comédien Guérin d'Estriché.

**Documents les plus anciens**

Les gazettes : *La Muse historique* (1652-1655); *la Muse héroï-
comique* (1664-1665); *la Muse royale* (1656-1666); *la Muse de la
cour* (1665-1666); *le Mercure galant*, fondé en janvier 1672.
*Élomire hypocondre*, comédie en cinq actes de Le Boulanger de
Chalussay (1670).
Le registre de La Grange, tenu de 1659 à 1685.
Le registre de La Thorillière.
*La Fameuse Comédienne ou histoire de la Guérin, auparavant
femme et veuve de Molière* (1688)
*La Vie de Molière* par Grimarest (1705).
*Addition à la vie de Molière* par Grimarest (1706).
*Vie de Molière et Commentaires* par Voltaire (1764).

# MOLIÈRE : L'HOMME

**Il n'était pas beau.** « Les gravures de Brissart en 1682 prouvent qu'il
était bas sur jambes, et que le cou très court, la tête trop forte
et enfoncée sur les épaules lui donnaient une silhouette sans
prestige » (A. Adam, *op. cit.*, III, p. 224).

Cependant, débarrassé de ses oripeaux de comédien, « il se fit
remarquer à la Cour pour un homme civil et honnête, ne se pré-
valant point de son mérite et de son crédit, s'accommodant à
l'humeur de ceux avec qui il était obligé de vivre, ayant l'âme
belle, libérale, en un mot possédant et exerçant toutes les qualités
d'un parfait honnête homme » (Préface de Vinot et La Grange,
1682).

**Il portait en scène deux moustaches** noires, épaisses et tombantes, comme
son maître Scaramouche. Il les supprima en 1666, pour jouer
Alceste ; les spectateurs furent déçus.

**Mime génial,** il arrivait en scène les pieds largement ouverts, comme
Charlot ; « tout parlait en lui, et d'un pas, d'un sourire, d'un clin
d'œil et d'un remuement de tête, il faisait plus concevoir de choses
que le plus grand parleur n'en aurait pu dire en une heure »
(Donneau de Visé).

**Esprit parisien,** un peu gaulois, il fut « le premier farceur de France »,
selon Somaize ; d'une « charmante naïveté », selon Boileau, « dans
les combats d'esprit savant maître d'escrime » (*Satires*, II). « Il
n'est bon bec que de Paris », selon le proverbe, mais l'esprit parisien
se présente sous des formes variées : narquois et tendre chez Villon ;
amer et satirique chez Boileau ; mondain, épigrammatique chez
Voltaire ; insolent, persifleur chez Beaumarchais ; irrespectueux et
rieur chez le jeune Musset. En Molière, l'esprit s'unit au bon sens,
selon une tradition bien française. « Nous goûtons chez lui notre
plaisir national » (Taine).

**Nous n'avons de Molière aucune lettre, aucun manuscrit,** et cependant
combien de manuscrits possédons-nous qui datent du XVIIᵉ siècle !
N'y a-t-il pas là un mystère semblable à celui qui entoure
Shakespeare [1] ? « Il y a autour de Molière un mystère que personne
n'a jamais éclairci. Qui nous dira pourquoi nous n'avons de lui
aucune espèce d'autographe, fors sa signature [...] ? Il semble
qu'il ait souffert, sur la fin de sa vie, d'étranges machinations, qui
nous demeureront à jamais inconnues » (Francis Ambrière, *la
Galerie dramatique*, 1949, p. 273).

---

1. Pierre Louÿs (voir *la Nouvelle Revue* du 1ᵉʳ mai 1920) a pu insinuer que Corneille
serait l'auteur des pièces auxquelles Molière aurait seulement prêté son nom, et
Abel Lefranc a « démontré » que l'auteur des pièces signées par le comédien Shakespeare serait William Stanley, comte de Derby.

# MOLIÈRE : SES PRINCIPES

1. **Le metteur en scène** aurait été approuvé par l'auteur du *Paradoxe sur le comédien* puisque Diderot voulait qu'on joue « de tête » et non d'inspiration : « Chaque acteur sait combien il doit faire de pas, et toutes ses œillades sont comptées » (Donneau de Visé, à propos de *l'École des femmes*).

   « Un coup d'œil, un pas, un geste, tout [...] était observé avec une exactitude qui avait été inconnue jusque-là sur les théâtres de Paris » (noté par La Grange sur son précieux carnet de régisseur).

2. **L'écrivain** voulait instruire et plaire, mais sans s'astreindre à des règles rigoureuses; ses préfaces nous en informent.

   1660, préface des *Précieuses ridicules* : « Le public est juge absolu de ces sortes d'ouvrages ». *Les Précieuses* « valent quelque chose puisque tant de gens en ont dit du bien ».

   1662, avertissement des *Fâcheux* : « Je tiens aussi difficile de combattre un ouvrage que le public approuve que d'en défendre un qu'il condamne ».

   1663, *Critique de l'École des femmes* : « Je me fierais assez à l'approbation du parterre, par la raison qu'entre ceux qui le composent il y en a plusieurs qui sont capables de juger d'une pièce selon les règles, et que les autres en jugent par la bonne façon d'en juger, qui est de se laisser prendre aux choses, et de n'avoir ni prévention aveugle, ni complaisance affectée, ni délicatesse ridicule » (Dorante, sc. 5, éd. Bordas, l. 364-69).

   « La grande épreuve de toutes vos comédies, c'est le jugement de la Cour [...] c'est son goût qu'il faut étudier pour trouver l'art de réussir (Dorante, sc. 6, l. 649-51).

   « Vous êtes de plaisantes gens avec vos règles, dont vous embarrassez les ignorants et nous étourdissez tous les jours [...]. Je voudrais bien savoir si la grande règle de toutes les règles n'est pas de plaire » (Dorante, sc. 6, l. 688-96).

   1669, préface de *Tartuffe* : « Si l'emploi de la comédie est de corriger les vices des hommes, je ne vois pas pour quelle raison il y en aura des privilégiés [...]. Les plus beaux traits d'une sérieuse morale sont moins puissants, le plus souvent, que ceux de la satire; et rien ne reprend mieux la plupart des hommes que la peinture de leurs défauts [...]. On veut bien être méchant; mais on ne veut point être ridicule ». « Une comédie est un poème ingénieux qui, par des leçons agréables, reprend les défauts des hommes ».

   1682, préface de l'édition complète par Vinot et La Grange : Il s'est donné « pour but dans toutes ses pièces d'obliger les hommes à se corriger de leurs défauts ».

**Castigat ridendo mores,** « elle corrige les mœurs en riant » : devise de la comédie, imaginée par le poète Santeul (1630-1697).

En le faisant rire, Molière plut au public de son temps, La Fontaine l'a noté dans une épître à Maucroix, écrite après le succès des *Fâcheux* (1661) :

> Cet écrivain, par sa manière,
> Charme à présent toute la Cour.
> De la façon dont son nom court,
> Il doit être par-delà Rome [*où est Maucroix*].
> J'en suis ravi, car c'est mon homme.

**Le satirique** « disait que rien ne lui donnait du déplaisir comme d'être accusé de regarder quelqu'un dans les portraits qu'il fait; que son dessein est de peindre les mœurs sans vouloir toucher aux personnes et que tous les personnages qu'il représente sont des personnages en l'air, et des fantômes proprement, qu'il habille à sa fantaisie pour réjouir les spectateurs [...] et que si quelque chose était capable de le dégoûter de faire des Comédies, c'était les ressemblances qu'on y voulait toujours trouver, et dont ses ennemis tâchaient malicieusement d'appuyer la pensée pour lui rendre de mauvais offices auprès de certaines personnes à qui il n'a jamais pensé » (*l'Impromptu de Versailles*, sc. 4, éd. Bordas, l. 416-27).

# MOLIÈRE : SON ŒUVRE

## 1. L'esprit gaulois du Parisien nous a légué 4 farces [1]

*La Jalousie du Barbouillé*, 12 sc. en prose; *le Médecin volant* (joué par Molière en 1659), 16 sc. en prose; *Sganarelle ou le Cocu imaginaire* (1660), 24 sc. en vers; *le Médecin malgré lui* (1666), 3 actes en prose.

La farce faisant « rire le parterre », Molière lui restera fidèle : on en trouve des traces dans les grandes comédies, depuis *les Précieuses* (1659) jusqu'au *Malade imaginaire* (1673).

## 2. Le comédien du roi a conçu 15 comédies-ballets et autres pièces

mêlées de chansons et de danses pour répondre au goût du monarque, danseur remarquable : *les Fâcheux* (1661), comédie « faite, apprise et représentée en quinze jours » (*Avertissement*), 3 actes en vers;

---

1. On connaît le titre d'un certain nombre de « petits divertissements » par lesquels, en province, puis à Paris, Molière achevait ses représentations. Mais on ne sait s'il en fut l'auteur. M. Antoine Adam (III, p. 251) pense que toutes les farces où paraissent Gros-René (*la Jalousie de Gros-René*, 1660; *Gros-René écolier*, 1662), Gorgibus (*Gorgibus dans le sac*, 1661), un médecin (*le Médecin volant*) ou un pédant (*le Docteur pédant*, 1660) sont de Molière. M. A.-J. Guibert a publié en 1960 un *Docteur amoureux* qu'il croit être de Molière et que celui-ci aurait présenté au Louvre le 24 octobre 1658.

*le Mariage forcé* (1664), comédie jouée d'abord en 3 actes, aujour-
d'hui faite de 10 sc. en prose sans ballets; *les Plaisirs de l'Ile
enchantée* (1664), en trois « journées », *et la Princesse d'Élide*,
5 actes en prose mêlée de vers; *l'Amour médecin* (1665), 3 actes
en prose, comédie faite, apprise et représentée en cinq jours;
*Dom Garcie de Navarre ou le Prince jaloux*, comédie héroïque,
5 actes en vers, écrite en 1659, jouée en 1661; *Mélicerte* (1666),
comédie pastorale héroïque, 2 actes en vers; *Pastorale comique*
(1667), 6 sc. en vers; *le Sicilien ou l'Amour peintre* (1667), 20 sc.
en prose; *Monsieur de Pourceaugnac* (1669), 3 actes en prose; *les
Amants magnifiques ou Divertissement royal* (1670), 5 actes en
prose; *le Bourgeois gentilhomme* (1670), 5 actes en prose; *Psyché* [1]
(1671), tragédie-ballet, 5 actes en vers; *la Comtesse d'Escarbagnas*
(1671), 9 sc. en prose; *le Malade imaginaire* [2] (1673), 3 actes en
prose.

Certaines comédies de ce groupe rejoignent la farce (*la Comtesse
d'Escarbagnas*), d'autres s'élèvent jusqu'à la comédie de caractère
(*le Malade imaginaire*).

3. **Le polémiste a écrit 2 comédies critiques** (aujourd'hui, un auteur
attaqué se défendrait en écrivant dans les journaux; outre qu'ils
étaient rares au XVIIᵉ siècle et de parution peu fréquente, Molière,
comédien avant tout, aimait s'adresser directement à son public) :
*la Critique de l'École des femmes* (1663), 7 sc. en prose; *l'Impromptu
de Versailles* (1663), 11 sc. en prose.

4. **L'acteur n'a pas oublié que l'art dramatique est action** (*drama*), **d'où
4 comédies d'intrigue** : *l'Étourdi ou les Contretemps* (jouée à Lyon
en 1653-1655), 5 actes en vers; *le Dépit amoureux* (jouée à Béziers
en 1656), 5 actes en vers; *Amphitryon* (1668), 3 actes en vers;
*les Fourberies de Scapin* (1671), 3 actes en prose.

5. **Le « rare génie » nous a laissé 9 comédies de mœurs et de caractères** :
*les Précieuses ridicules* (1659), 17 sc. en prose; le succès de cette
farce qui s'élève jusqu'à la satire des mœurs peut être comparé
à celui du *Cid* (1637) pour Corneille et d'*Andromaque* (1667) pour
Racine; *l'École des maris* (1661), 3 actes en vers; *l'École des femmes*
(1662), 5 actes en vers; *Dom Juan ou le Festin de Pierre* (1665),
5 actes en prose; *le Misanthrope* (1666), 5 actes en vers; *George
Dandin ou le Mari confondu* (1668), 3 actes en prose; *Tartuffe ou
l'Imposteur* (1664 pour 3 actes, puis 1669), 5 actes en vers; *l'Avare*
(1668), 5 actes en prose; *les Femmes savantes* (1672), 5 actes en vers.

---

1. Écrite avec la collaboration de Corneille et de Quinault. — 2. Lully ayant obtenu,
le 13 mars 1672, un véritable monopole des représentations musicales, défense fut
faite à toute troupe de comédiens d'utiliser plus de 6 chanteurs et de 12 instrumen-
tistes. Ainsi Molière se trouva-t-il écarté de la faveur royale et, bien que destiné à
la Cour, *le Malade imaginaire* ne fut pas joué devant le roi.

# LA COMÉDIE
# DE « L'ÉCOLE DES FEMMES »

## 1. Une pièce ignorée dans nos classes

*L'École des femmes* est une pièce inconnue des collégiens. Tandis que *le Bourgeois gentilhomme*, *l'Avare*, *Tartuffe*, *les Femmes savantes*, *le Misanthrope* sont inscrits dans nos programmes scolaires et régulièrement expliqués, *l'École des femmes* est tenue à l'écart, soumise à cette conspiration du silence dont parlait Giraudoux, laquelle a pour résultat de laisser ignorer des œuvres importantes de notre héritage national. Pourquoi cette exclusion ? On s'en doute. Le thème même de cette comédie (la phobie du cocuage), la hardiesse des propos et des problèmes soulevés, les mots crus et gaulois qui reviennent dans les discussions des deux compères (Arnolphe et Chrysalde) ont effarouché. Mais n'y a-t-il pas là une étroitesse de vue qui ne correspond plus à notre temps ? On explique en Cinquième *Esther*, qui est une histoire de sérail; on explique en Première *Phèdre*, où la passion brûle à grandes flammes; et l'on se refusera à expliquer *l'École des femmes*, parce que les mots y sonnent comme dans Rabelais, avec une franchise qui les dépouille de toute nocivité et ne peut que déclencher une pudique réserve ou un rire salubre ! Il faudrait en finir avec cet ostracisme. La représentation que Jouvet a donnée de cette comédie, en 1936, l'a tirée de la poussière où elle somnolait et l'a promue au rang de vedette. Elle a repris, sous un éclairage neuf, sa vraie figure. Il est heureux que lui soit donnée maintenant, dans nos classes, la place qu'elle mérite.

## 2. Un chef-d'œuvre pourtant

Représentée pour la première fois le mardi 26 décembre 1662 au théâtre du Palais-Royal, cette pièce remporta le plus éclatant succès. Le registre de La Grange atteste que les onze premières représentations rapportèrent 12 747 livres, soit en moyenne 1 158 par représentation, alors que les recettes moyennes avaient été précédemment de 6 à 800 livres. Jouée trente et une fois avant Pâques, la pièce fut reprise après les fêtes au milieu de la même affluence. Deux représentations furent données au Louvre, et ceux qui pouvaient s'offrir des « visites », comme le comte de Soissons, le duc de Richelieu, Colbert, se la firent représenter en privé. Certaines représentations, l'année suivante, atteignirent jusqu'à 1 700 livres. On s'écrasait aux portes du théâtre. Le roi, la reine-mère, Madame, à laquelle la comédie fut dédiée, rirent, selon Loret, « à s'en tenir les côtes ». Les adversaires mêmes de Molière ne purent s'empêcher de signaler, avec l'ironie du dépit, cet extraordinaire engouement. « Cette pièce a produit des effets tout nouveaux, tout le monde l'a trouvée méchante et tout le monde y a couru. » (Donneau de Visé, *les Nouvelles nouvelles*.)

Depuis quatre ans qu'il est installé à Paris, Molière — *Dom Garcie* excepté — n'a connu que des succès; et il vient de se marier avec celle qu'il aime : il a épousé le 20 février 1662, à Saint-Germain-l'Auxerrois, Armande Béjart dans ses vingt ans, plus gracieuse que jamais. Il est recherché, fêté, choyé, bien en cour. Le roi le protège; les grands, les gens de qualité l'invitent. Sa renommée, ses gains assurent son aisance et sa sécurité. Le 3 avril 1663, le roi qu'il amuse et qui, le 12 mars, lui avait fait parvenir une somme de 4 000 livres, le fait inscrire pour une somme de 1 000 livres, en qualité de « bel esprit », sur la liste officielle des pensions. Il a vraiment, suivant l'expression de Maurice Donnay, « le vent dans les voiles ». *L'École des femmes* consacre son triomphe. On peut dire, et on a dit, que cette pièce fut à la fois *le Cid* et l'*Andromaque* de Molière. Comme *le Cid*, elle fit courir tout Paris. Comme *le Cid*, elle suscita la jalousie des auteurs. Comme *le Cid*, elle engendra une longue querelle. Dédiée, comme le sera *Andromaque*, à la jeune princesse qui régnait alors sur la Cour de France par sa grâce et son esprit, elle fut, comme *Andromaque*, rangée parmi les merveilles de l'art dramatique : sans rompre avec la *commedia dell'arte* et la farce, Molière inaugurait la grande comédie en cinq actes et faisait, dans le théâtre comique, une révolution semblable à celle qu'*Andromaque*, après *le Cid*, a faite dans le tragique. Il transportait sur la scène les mœurs et les caractères du temps avec une maîtrise, une dextérité et en même temps une simplicité, un éclat qui, derrière les jeux conventionnels des tréteaux, y introduisaient la vérité et la vie. Jamais encore la comédie n'avait atteint tant de vérité, mêlée à tant de fantaisie. Jamais elle n'avait présenté des personnages aussi vivants et aussi naturels dans la manie ou sous le masque de la bouffonnerie, de la grâce et de l'ingénuité. Jamais elle n'avait associé tant de puissance, d'originalité et d'audace à tant de profondeur et de gaieté. Il y avait dans cette pièce « un charme de diction, une délicatesse de galanterie, un élan de jeunesse, une effusion de grâce », où il semble bien que le poète ait répandu quelque chose de la tendresse qui débordait alors de son cœur.

## 3. Adversaires et partisans

Le succès ameuta contre Molière ceux dont il avait raillé les ridicules, les extravagances : précieux et précieuses de ruelles et de salons, petits marquis et péronnelles, blondins de Cour, godelureaux à perruques, damerets en dentelles, comédiens rivaux de l'Hôtel de Bourgogne, auteurs consternés, jeunes arrivistes de Lettres comme ce Donneau de Visé qui vomit son venin dans ses *Nouvelles nouvelles*, puis (après la riposte de *la Critique*) dans sa *Zélinde ou la véritable critique de l'École des femmes* et la *Critique de la Critique*; comme cet Edme Boursault qui, avec lourdeur, ironise sur les beautés de *l'École* dans une pièce en vers intitulée *Portrait du peintre ou la Contre-Critique de l'École des femmes*. Molière eut contre lui tous ces gens-là, auxquels s'adjoignirent les roquentins, les prudes, les dévots affligés, tout l'arrière-ban enfin des délicats.

Mais il eut pour lui le parterre et la Cour, les gens de qualité et de goût, leurs Majestés et — porte-parole déjà de la postérité — ce jeune et fougueux poète de vingt-six ans qui s'appelait Boileau et qui écrivit d'enthousiasme ses fameuses stances à Molière, annonciatrices de l'avenir :

> En vain mille jaloux esprits,
> Molière, osent avec mépris
> Censurer ton plus bel ouvrage:
> Sa charmante *naïveté*
> S'en va pour jamais d'âge en âge
> Divertir la postérité.
> ...
>
> Laisse gronder tes envieux :
> Ils ont beau crier en tous lieux
> Qu'en vain tu charmes le vulgaire,
> Que tes vers n'ont rien de plaisant:
> Si tu savais un peu moins plaire.
> Tu ne leur déplairais pas tant.

## 4. La grande comédie est née

Le chef-d'œuvre était lancé; il allait parcourir une belle carrière, puisque la pièce, sur le théâtre de Molière, a eu environ 1 400 représentations. Avant *l'École des femmes*, Molière était un chef de troupe actif, un acteur estimé, un amuseur public. Le voici maintenant grand auteur comique, grand écrivain de théâtre, et qui attire sur lui les regards et les coups. C'est qu'il a fait de la comédie un grand genre qui met en cause la primauté du sublime. Cette pièce, en même temps qu'un succès personnel, avait dans la république des lettres la portée d'un événement social. Des obligations nouvelles s'imposent à l'auteur et à l'acteur, dont le succès fait scandale. Il fait face, tient tête. Il riposte à ses détracteurs par deux pièces où son génie d'homme de théâtre éclate . *la Critique de l'École des femmes* et *l'Impromptu de Versailles*. Mais surtout il entreprend dans l'euphorie la lutte contre la jalousie, l'envie, l'hypocrisie, contre les vices et les travers humains dont il va faire danser la sarabande avec un grand rire vengeur. Ce comédien qu'on imagine petit, plié, ramassé, sautillant, tout en mouvements et grimaces, redresse sa taille pour faire la nique aux railleurs et fustiger de son rire sarcastique et mordant tout ce qui grince dans l'humanité, tout ce qui la rend grotesque et pitoyable. La grande comédie est née.

## 5. Les sources

Elle n'est pas née de rien. Molière emprunte son sujet et ses thèmes de ci, de là, à ses devanciers anciens et modernes. Il suffira qu'il y mette sa marque pour tout transformer. Ces sources, les érudits les ont minutieusement relevées : *La Précaution inutile* de Scarron, bien sûr, mais aussi de Doña Maria de Zayas y Sotomayor, et l'imitation qu'en a faite, dans ses *Facétieuses Nuits*, le conteur italien Straparole. On a cité Hérodote, Boccace, Cervantès, La Fontaine, Calderon, Lope de Vega et sa *Dama boba*, Plaute et Machiavel, Pino da Cagli et Rojas, nos fabliaux et Rabelais, Brantôme et Boisrobert, Plutarque, les cahiers de Guillot-Gorju, et Saint-Grégoire de Naziance pour les *Maximes*, et la *Sagesse* de Charron, Pierre de Chanzy et son *Institution de la femme chrétienne*, traduite de Louis de Vivès (érudit espagnol, ami et élève d'Érasme), résurgences multiformes auxquelles M. Antoine Adam ajoute l'*Astuta semplicità di Angiola*, comédie figurant dans un recueil de canevas découvert par Benedetto Croce (1866-1952) à la bibliothèque de Naples. Quelles ressources pour un jeu de puzzle ! Mais la comédie de Molière n'est pas faite de morceaux rassemblés : comme Minerve sortie armée de pied en cap du cerveau de Jupiter, elle a jailli vivante de son cœur, de son expérience, de sa connaissance de la vérité humaine. Car, si Molière n'a pas inventé son sujet, il l'a marqué de son génie et il en a fait quelque chose d'incomparable — fidèle en cela à la doctrine classique qui cherche l'originalité non dans l'invention du thème mais dans la façon de l'exploiter, dans la construction et la mise en forme de la pièce. Et la mise en forme est ici particulièrement remarquable.

## 6. L'architecture de la pièce

La pièce est construite sur un quiproquo très simple : le double nom d'Arnolphe. Horace a appris, par les gens du quartier, que le prétendu tuteur d'Agnès s'appelle M. de la Souche. Or il connaît de longue date Arnolphe, mais il ignore qu'Arnolphe et M. de la Souche ne sont qu'un seul et même personnage. Aussi raconte-t-il naïvement à Arnolphe, vieil ami de son père, tout ce qu'il a appris de M. de la Souche, dont il se gausse, et

les bons tours qu'il s'apprête à lui jouer. Arnolphe, devenu
ainsi confident malgré lui, se garde bien, afin de mieux déjouer
les desseins du jeune homme, de lui découvrir sa véritable
identité. Aussi voyons-nous par trois fois Horace faire part à
Arnolphe de ses projets. Arnolphe aussitôt prend ses dispositions
pour les faire échouer ; mais Agnès à son tour déjoue la précaution
prise par son tuteur. Trois fois se produit le même mouvement
scénique, renforcé à chaque reprise par le dépit grandissant
d'Arnolphe, par l'ingéniosité, l'audace, l'esprit accrus d'Agnès.
Le même rythme, repris chaque fois sur un ton plus monté,
porte au maximum d'effet le jeu des personnages et l'intérêt
des spectateurs. La première confidence du jeune étourdi jette
l'inquiétude dans l'âme d'Arnolphe ; la naïveté d'Agnès le
rassure, l'espoir renaît : rien n'est perdu. Mais de nouveau
détrompé, nous le voyons passer successivement de la déception
à la rage, au dépit ; du dépit à l'orgueil et à la présomption,
puis à une sorte de désolation croissante, quand il sent lui
échapper sa proie ; et enfin, avec la jalousie, à un accès de passion
amoureuse d'où naît une souffrance vraie qui risquerait de nous
émouvoir, si elle ne prenait aussitôt le masque de la bouffonnerie. Nous allons ainsi de surprise en surprise à une lutte
continuelle, fraîche et joyeuse d'un côté (celui des jeunes),
hargneuse, despotique, menaçante de l'autre, jusqu'au triomphe
de la jeunesse et de l'amour.

## 7. L'ordonnance classique

Si l'idéal classique est ordre et mesure, souci des justes pro-
portions, dosage et symétrie, rythme choisi et progression,
quelle comédie pouvons-nous imaginer plus conforme à l'idéal
classique que cette *École des femmes* ? Le sujet s'y déroule selon
une ordonnance parfaite. Dès la première scène, tout est préparé
de ce qui rend possible la pièce. Tout est équilibre, balance-
ments, contrastes. La discussion d'Arnolphe et de Chrysalde,
au premier acte, a pour pendant celle du quatrième, où les
rôles sont renversés. Les portraits se répondent et s'opposent :
portrait d'Agnès par Arnolphe et par Horace, portrait d'Horace
par Agnès et par Arnolphe. Aux scènes les plus graves ou les
plus tendues succèdent des intermèdes de farce. La scène du
notaire (IV, 2), si désopilante à la représentation, rappelle
sur un autre registre, mais au rythme d'une bouffonnerie
aussi dansante, le jeu burlesque des deux valets au premier
acte (sc. 2). La colère d'Arnolphe contre Alain et Georgette lors
de leur première entrée en scène, les menaces qui les font
trembler, la peur qui leur coupe la parole ont pour contre-
partie l'accord conclu entre Arnolphe et eux pour lutter contre

Horace, et la répétition bouffonne où les valets insolents et loquaces reçoivent l'argent de leur maître, et le maître leurs coups. On pourrait multiplier les exemples. Il y a dans toute la pièce une alternance d'attentes et de détentes, d'illusions et de déceptions, de surprises et de reprises, de victoires et d'échecs, un rebondissement, un jaillissement d'inventions imprévues qui constamment suscitent l'intérêt et le rire. La progression n'est pas moins habilement ménagée. Nous voyons d'acte en acte l'assurance d'Agnès grandir à mesure que celle d'Arnolphe décline. Le personnage plusieurs fois dégonflé et regonflé éclate enfin au dénouement, comme une baudruche trop tendue et soudainement percée.

## 8. Burlesque et vérité humaine

C'est le propre de l'art classique que de concentrer l'éclairage sur le personnage principal. Or toute la pièce est construite pour projeter la lumière sur Arnolphe. Sans doute Molière imitait en ce sens les burlesques qui plaçaient au centre de leur pièce un personnage ridicule dont les avanies fournissent les épisodes de l'action, comme par exemple dans *le Pédant joué* de Cyrano. Mais ce dont ne se souciaient pas les burlesques, et dont Molière se soucie, c'est de faire apparaître à travers la bouffonnerie du fantoche la vérité humaine. Aucune pièce, a-t-on remarqué, n'est à ce point dépouillée de tout ce qui n'atteint pas le personnage principal. Arnolphe, toujours en scène (sauf en I, 2 et II, 3), revient sans cesse d'Agnès à Horace et d'Horace à Agnès, comme une balle que se renverraient les jeunes gens. Jamais, avant le dernier acte, nous ne voyons réuni le jeune couple. Aucune distraction épisodique ne nous détourne un instant d'Arnolphe. Nous n'apprenons que par les récits d'Horace et les aveux d'Agnès ce qui s'est passé entre eux quand ils étaient seuls. Tout ce qui est action proprement dite, action extérieure (Agnès au balcon, les saluts et les révérences échangés, le grès jeté avec la lettre, l'embuscade nocturne dans la chambre d'Agnès, Horace caché dans l'armoire, les allées et venues désemparées du tyran dans la chambre, les vases cassés, l'émoi du petit chien, les hardes jetées par la fenêtre, l'escalade du balcon, les bourrades des valets, la chute d'Horace étendu à terre et passant pour mort), nous ne le voyons pas, on nous le rapporte. La pièce est presque toute en monologues et en récits, sans qu'un instant l'intérêt languisse, ni que l'action soit ralentie. L'échauffement, l'entrain, la verve du narrateur, le bonheur de l'expression communiquent à cette évocation des faits un pittoresque, un mouvement, une valeur dramatique qui les font revivre sous nos yeux mieux que s'ils nous avaient été représentés. Et ces récits nous permettent de constater l'impression qu'ils font sur le personnage dupé, la grotesque victime, à qui ils sont précisément rapportés. Les répercussions psychologiques dans l'âme du héros se manifestent d'abord par la mimique expressive du personnage devant les révélations qui lui sont faites : jeux de physionomie, grimaces, roulements d'yeux, mines effarées, silences contraints, apartés comiques, qui ponctuent les propos et manifestent leur plein effet. C'était porter au maximum la valeur psychologique du récit. Viennent ensuite les monologues qui nous font pénétrer au fond du cœur d'Arnolphe et nous révèlent, en la précisant, cette action intérieure qui successivement monte et démonte le personnage. Nulle pièce n'est mieux faite que celle-ci pour être jouée : le jeu de l'acteur, la diction font corps avec le texte et en manifestent la puissance et l'effet. Ainsi, derrière la structure burlesque, derrière les outrances et les extravagances apparaît la vérité humaine. Toute l'action repose sur l'outre-cuidante vanité du personnage principal et les déconvenues successives que les faits lui infligent. *L'École des femmes* nous offre une merveilleuse alliance du burlesque accordé à la peinture d'un caractère vrai.

## 9. Conte gaulois et conte de fées

La pièce a l'apparence d'un conte gaulois (le dupeur dupé) qui serait un fabliau en action, et d'un conte de fées qui pourrait s'appeler *la Belle au balcon cousant*. Ce n'est pas un des moindres charmes de la comédie que ce mélange de verve gauloise, de romanesque et de poésie. Si l'on examine la construction de chaque acte, on voit cette alternance se produire à chaque apparition du personnage principal et de celle qui lui est inévitablement liée : Arnolphe, verveux dans sa vantardise, suffisant et boursouflé dans ses apparents triomphes, pitoyable en ses échecs; Agnès, gracieuse en sa naïveté, ingénieuse dans ses répliques, éclairée par l'amour et lumineuse en son éveil. Le dénouement, purement postiche et romanesque, comme il arrive souvent dans Molière, et préparé dès le début, se produit comme il était prévu, de manière à tout arranger. Les deux jeunes gens qui s'aiment étaient destinés l'un à l'autre. Les deux pères viennent à point nommé d'Amérique pour les marier, sous le regard ahuri d'Arnolphe auquel cette nouvelle porte le dernier coup. Tout est bien qui finit bien : ceux qui s'aiment sont réunis. L'odieuse précaution du barbon égaré est renversée. La vie triomphe des contraintes et des calculs pervers. Il y a du bonheur dans la maison de l'ogre enfui, et cela finit comme un conte de fées.

## 10. Beauté du verbe et poésie

Dans l'*École des femmes*, la grande comédie a trouvé le style convenant à son ampleur et à sa dignité. Comme dans la tragédie, le langage y est roi, et, plus encore que dans la tragédie, il est, par son aspect protéiforme, véritablement surprenant. Molière prend tous les styles, tous les tons. Quelle langue en vérité, savoureuse à la fois et raffinée, bourgeoise et populaire, « légère au pourchas, hardie à la rencontre », d'une saine franchise et d'un relief si puissant, taillée en pleine étoffe, avec ce « cossu » qu'y admirait Sainte-Beuve! Arnolphe, dans ses discussions avec Chrysalde, montre un jaillissement de verve, un pittoresque qui font songer à Rabelais, à nos fabliaux, au La Fontaine des *Contes*. Il a ailleurs des éclats de lyrisme, des mouvements épiques, l'onction dévote, la gravité du sermonneur. Il a les mots qui menacent, qui ordonnent, qui raillent, qui rusent ou qui soupirent. On est étonné de la richesse de son clavier, de sa variété, de sa diversité. Quand il sermonne Agnès, par exemple :

> Le mariage, Agnès, n'est pas un badinage... (v. 695),

on peut discuter la théorie, mais en quels vers magnifiques ces choses-là sont dites! Molière est en pleine possession de son métier. Si par instants le personnage laisse percer une émotion, l'emphase de l'expression la tourne en parodie comique :

> Ciel, faites que mon front soit exempt de disgrâce;
> Ou bien, s'il est écrit qu'il faille que j'y passe,
> Donnez-moi tout au moins, pour de tels accidens,
> La constance qu'on voit à de certaines gens! (v. 1004-1007)

Quelle ampleur encore, quelle gravité dans le monologue qui ouvre la scène 4 du deuxième acte :

> Un certain Grec disait à l'empereur Auguste,
> Comme une instruction utile autant que juste...

« Ceux, écrit G. Attinger [1], qui ont vu M. Louis Jouvet prononcer ces vers, de son échelle et sur un ton monocorde, n'oublieront pas l'extase qui s'emparait de la salle. Cette présence magique, ce n'était ni Arnolphe, ni la situation, c'était la présence même de la beauté. »

Au pathétique vient s'allier la poésie. On pourrait relever bien des vers qui, isolés, sont des vers d'élégie pareils à des vers de Racine :

> Chose étrange d'aimer, et que pour ces traîtresses
> Les hommes soient sujets à de telles faiblesses! (v. 1572-73)
> Et c'est mon désespoir et ma peine mortelle... (v. 985)

---

1. Voir la bibliographie, p. 32.

C'est ici Arnolphe qui parle. Mais ne croirait-on pas entendre Bérénice quand Agnès, avec une naïveté si pure et si touchante, s'écrie devant Horace (v. 1465 et 1469). :

> Quand je ne vous vois point, je ne suis point joyeuse [...]
> Non, vous ne m'aimez pas autant que je vous aime [...]?

Molière a égalé la comédie à la tragédie, non seulement par l'ampleur du sujet et la profondeur de la vérité humaine, mais aussi par la beauté et la poésie du langage.

## 11. Arnolphe le bourgeois

On présente parfois Molière comme le défenseur de la famille et de l'ordre bourgeois. Cependant, évadé de la bourgeoisie à laquelle il appartenait par sa naissance, il s'est acharné à peindre la médiocrité de la bourgeoisie moyenne, si fertile en fantoches vantards et pleutres, animés d'un vif esprit de possession, égoïstes et avares, insolents dans leurs succès, égarés et plaintifs jusqu'à l'avilissement dans les déboires. Il faut lire, dans l'ouvrage de M. Bénichou (*Morales du Grand Siècle*), la magistrale démonstration qui est faite de ce parti-pris de Molière. Arnolphe n'est qu'un exemplaire — l'un des plus réussis — de ces bourgeois qui ont défilé et qui défileront dans sa comédie : les Gorgibus, les Sganarelle, les Orgon, les Jourdain, les Argan. Mais il n'est pareil à aucun autre : les traits spécifiques s'accompagnent chez lui de traits qui lui sont strictement propres. Nullement tout d'une pièce, comme les pantins de comédie, il a, derrière ses manies et ses tics, la vivante complexité d'un être humain. Non exempt de qualités, au contraire de bien d'autres, il est à l'occasion généreux, prudent, réfléchi, intelligent; il a des lettres et de l'esprit, ne manque ni de verve ni de bon sens. Mais bouffi de vanité, plein de fatuité et d'illusions, il se montre sot dans ses calculs, dans ses manières, dans ses propos, et même, quand sa marotte entre en jeu, un peu fou ou fou fieffé. Barbon grivois, ami de la gaudriole, amateur d'histoires d'alcôve, sensuel et cynique, il n'est point, comme on l'a prétendu, un obsédé sexuel : il a l'obsession des cornes, ce qui est tout différent. Avec ce fond de pusillanimité qui est en lui, « il a peur de la femme, de sa malice, de ses rou	eries; en son for intérieur, il se sent peu fait pour l'amour et le succès, et c'est la raison pour laquelle il cherche sa sûreté dans une conception tyrannique de la vie conjugale ». Ses airs de croquemitaine n'expriment que sa propre peur. C'est sur une petite fille de quatre ans, ne l'oublions pas, qu'il a d'abord exercé son autorité de propriétaire jaloux. S'il « mijote » Agnès, c'est comme un gourmand qui se prépare un plat rare, dont il sera l'unique dégustateur. Sa phobie trahit une préoccupation de propriété exclusive. Il est exactement auprès d'Agnès, dit Pierre Brisson, comme Harpagon près de sa cassette. « Il l'enferme, il la caresse du regard, il en jouit d'avance, il n'en use pas, et l'idée qu'on pourrait la lui prendre le redresse glacé d'épouvante, la nuit, dans sa chambre. » Il n'affirme son assurance que pour se rassurer, et l'affirmation n'exclut pas l'inquiétude. Quand il voit lui échapper « le plat depuis si longtemps mitonné », il découvre soudain la passion amoureuse qu'il n'avait jamais éprouvée et où se mêlent à la fois, dans l'ambiguïté de toute passion, l'amour, l'élan du cœur, la sensualité, l'avarice. Démon de midi, si l'on veut, crise de l'homme mûr « encore vert, comme dit Jacques Audiberti, mais flairé par la vieillesse et qui voit dans les adolescentes la source où retremper les forces de la vie ». Bouleversé dans ses sens, l'automate soudain nous fait entendre un cri, un sentiment humain; mais vite ramené à sa bassesse naturelle, nous le voyons, pitoyable et ridicule, s'humilier, s'avilir, détonner, acceptant tout dans sa débâcle, même la disgrâce suprême contre laquelle il se croyait possesseur d'une recette infaillible. Rebutant, odieux, sauvé par le burlesque qui fait de lui un personnage de comédie, nous le voyons précipité dans sa chute, anxieux et défait. Ce fanfaron n'était qu'une baudruche gonflée.

## 12. La douce figure d'Agnès

Le rôle d'Agnès est court, à peine 150 vers, et pourtant c'est par elle qu'apparaissent dans la pièce la grâce, la fraîcheur, la poésie. On a parfois vu en elle une ingénue malicieuse, énigmatique, du théâtre traditionnel. Elle serait plutôt, dans sa fantaisie irréelle, cette poupée « qui récite des phrases comme une boîte à musique », « cette petite statue de pierre fine qui brille dans le ciel du théâtre au-dessus de la comédie » (P. Brisson). Unique en son genre, venant d'un monde absolu très au-dessus des conventions théâtrales, elle apparaît d'abord comme une sorte de mythe aussi abstrait que la statue de Condillac : elle représente la force de la nature qui s'éveille à la vie, en dépit de tous les obstacles. Mais telle est la vérité des traits psychologiques que la statue s'anime, prend une réalité, une présence émouvantes. Non ingénue mais ignorante, soudainement réveillée et consciente enfin de quelle nuit elle émerge, nous la voyons qui naît à la vie, à la pensée, à l'amour, avec cette candeur que lui donne sa bonté naturelle. « Nullement perfide comme l'onde, ainsi que le dit Shakespeare de la femme, mais instinctive et claire comme une eau de source » (Coquelin), elle est, dans sa naïveté, compatissante, civile, ordonnée, travailleuse, tranquille en sa bonne foi, ravie devant la découverte de l'amour. L'intuition chez elle précède la connaissance, ainsi qu'en témoigne sa lettre (III, 4, entre les v. 947 et 948), chef-d'œuvre d'innocence et de délicatesse, touchante prière mêlée de crainte et du pressentiment d'un désir enveloppé d'une grande réserve. Plongée dans l'ombre où la tenait le tyran qui cherchait à l'abêtir, elle se tourne, dès qu'elle l'entrevoit, vers le soleil et elle s'ouvre à l'amour comme une fleur à la lumière. Elle le fait avec une confiance totale en l'instinct, en la vie. Elle n'a pas du tout le sentiment de mal faire. Elle est d'avant le mal, d'avant le péché sur la terre. Agnès, c'est « l'éclosion de l'amour dans un cœur qui va droit et sans complications » (R. Benjamin). A peine né, cet amour rejette sans effort les prétentions absurdes de la vanité et des sottes routines. Quand le gros rire d'Arnolphe fait place à une caricature de la douleur sur son visage étonné, cet amour lumineux et droit rejette la douleur qui grimace sur la face bouffonne, et trouve sa vraie voie. Agnès, c'est le petit soleil de *l'École des femmes*, et c'est le rêve de Molière, son hommage — on l'a dit — à la femme, à l'amour.

## 13. Un muguet sympathique

Horace, qui emprunte son nom à la *commedia dell'arte* (le premier amoureux de la troupe italienne s'appelait, jusqu'en 1660, *Horatio*), est « le petit-maître amoureux », pareil à tous les adolescents, un peu « marquis » avec ses grands canons, sa perruque blonde et ses habits à la dernière mode. Vif, brillant, pimpant, bavard, vaniteux, étourdi, inexpérimenté, en quête de bonnes fortunes mais attendri, extasié, converti par l'amour et devenu sérieux, sensible, un peu romantique, charmant « comme un printemps en fleur ».

## 14. L'homme du bon sens et du juste milieu

Chrysalde, personnage de convention, n'existe que par rapport à Arnolphe et lui fait contrepoids. Il n'est pas seulement un bourgeois sans prétention, autant qu'Arnolphe est vaniteux. « Par son insouciance, sa bonhomie, son peu de penchant pour les principes solennels qui sont d'ordinaire le signe d'honorabilité de sa classe, ce sage de fantaisie, écrit M. Bénichou, rejoint la tradition populaire. Il a la franchise et l'audace du peuple. »

## 15. Le comique et le tragique.

Depuis Musset, on a tendance à accuser le côté sombre de certains personnages de Molière. Arnolphe n'a pas échappé à cette mode. Au beau temps du romantisme, le caractère tragique du personnage passait pour article de foi. Plus récemment, Lucien Guitry faisait à peine sourire et, dans certains passages, remuait de pitié le spectateur. Ces interprétations sont peut-être légitimes, dans la mesure où un chef-d'œuvre, une fois lancé, peut proliférer, vivre sa vie propre et revêtir des interprétations différentes. Mais rien n'est plus faux, si l'on se rapporte à la tradition de Molière. Au XVIIe siècle, « les gueules ahuries » d'Arnolphe, face au public et en pleine clarté des chandelles, ses lamentations au cinquième acte, rappelle Cl. Berton, « avaient le succès des seringues de Pourceaugnac ». Selon M. Adam, « tout est bouffon chez lui et bouffon sans mélange ». « Ce qui est vrai, ajoute-t-il (tome III, p. 283), c'est qu'à mesure que l'écrivain creuse son type de Sganarelle [ première ébauche d'Arnolphe dans *l'École des maris*], il pénètre de plus en plus profondément dans cette région où le comique et le tragique ne sont plus rien que la double interprétation d'une seule réalité [...]. Sganarelle incarnait déjà le pauvre homme, ridicule et tremblant, que nous portons en nous et que nous passons notre vie à dissimuler derrière les constructions de notre orgueil. Avouer cette misère, c'est le drame. Peindre ce mensonge, c'est la farce. Il est naturel que les paroles d'Arnolphe, lorsqu'elles sont lues, rendent un son presque tragique, tandis que ses gestes et sa mimique nous ramènent à la pure comédie. » Et, de fait, on proposa le rôle à Talma ; il l'étudia et le rendit, ne pouvant le jouer au tragique, à cause du vers 1602 :

Veux-tu que je m'arrache un côté de cheveux ?

Le personnage en effet peut bien s'élever au pathétique, quand il s'écrie (v. 1599 et suivants) :

Enfin à mon amour rien ne peut s'égaler ;
Quelle preuve veux-tu que je t'en donne, ingrate ?...

Il suffit que dans ces vers s'introduise le vers cité plus haut pour que le rire éclate. Et pareillement, quand Arnolphe implore (v. 1587-1588) :

Écoute seulement ce soupir amoureux,
Vois ce regard mourant, contemple ma personne...,

nous sommes dans le registre de l'élégie tragique. Mais le vers qui suit :

Et quitte ce morveux et l'amour qu'il te donne,

suffit à rompre l'effet des vers qui précèdent et les empêche de résonner tragiquement. Si, dans cette déclaration — la plus bouleversante de la pièce, parce qu'elle est l'expression soudaine d'une douleur vraie—, Molière a rencontré un instant le tragique, il nous ramène aussitôt dans la comédie en faisant de ce couplet une étonnante parodie du couplet tragique. Ce qui, dans un autre contexte, pourrait nous émouvoir, revêt ici, soutenu par une mimique appropriée, un caractère de pure comédie.

## 16. Portée sociale et morale de la pièce

L'originalité de *l'École des femmes* ne vient pas seulement de l'alliance du burlesque et de la vérité humaine. Il convient d'y noter l'importance croissante accordée aux discussions théoriques et aux idées. Dans la mesure même où Molière tient à nous faire connaître ses opinions sur certains grands problèmes de son époque et à intervenir dans les disputes idéologiques de son temps, il y a lieu de considérer la portée sociale et morale de *l'École des femmes*. Molière prend position devant les problèmes de l'éducation des femmes et du mariage, tels que son époque les conçoit sous l'influence des moralistes et des précieuses. On l'a remarqué : il est tantôt avec, tantôt contre les précieuses. Avec elles il défend les droits de la femme; il partage avec elles les revendications qui tendent à la libérer d'une autorité maritale despotique. Il reconnaît à la femme le droit à la vie de l'esprit comme à celle du cœur, à condition toutefois qu'elle renonce aux prétentions d'une égalité absolue, sans nuances, qui la conduiraient à un pédantisme intolérable. Il se dresse contre les précieuses quand la préciosité raffine sur les obligations de l'amour courtois et toutes les contraintes qu'une telle conception romanesque impose au mariage et à l'amour. Il raille toutes les déformations d'une morale et d'une religion qu'une certaine bourgeoisie détourne à des fins personnelles et fait servir à ses seules commodités. Il est contre le pédantisme, contre l'ignorance, contre les contraintes, contre les excès d'autorité. Il est pour toutes les libertés fondées sur une juste conception de la nature humaine. Il est aussi — il faut bien le dire — contre les moralistes qui tendent à voir le mal et le péché où il ne saurait concevoir qu'ils soient, contre les sévérités mêmes d'une religion trop spirituelle ou mystique qui exige de l'homme trop de sacrifices. M. Bénichou l'a bien montré : on ne saurait masquer les audaces de Molière dans la direction qu'il a choisie. « La précieuse, en se révoltant contre la servitude du mariage, se refuse en même temps au plaisir [...]. Agnès, moins révoltée au fond et moins ombrageuse, va droit à ce qui lui plaît, avec une spontanéité qui défie toute morale :

Le moyen de chasser ce qui fait du plaisir? (v. 1527)

» C'est en quoi Arnolphe a tort de la confondre avec une précieuse. [...] Elle incarne un défi si tranquille de l'instinct à toute
contrainte [...] qu'on a rarement osé regarder bien en face cette
inquiétante créature. [...] Elle dissipe dès l'abord les fantômes
que la morale crée autour du désir : danger, péché, perdi-
tion. [...] Elle ne s'insurge pas contre la morale, elle l'ignore et
la démontre inutile. » Molière est pour la nature, pour la liberté
du cœur, pour l'amour, pour la jeunesse. Il est pour Horace, il
est surtout pour Agnès, et par conséquent contre Arnolphe qui
prétend s'attribuer sans réserve l'âme d'une jeune fille et la
modeler comme une cire. Il est contre les pères qui disposent
du cœur de leurs fils sans les consulter, sauf quand ils viennent
exprès d'Amérique pour parfaire leur destin. Il est pour la
liberté de la jeunesse contre tous les complots tramés contre
elle.

## 17. La leçon de « l'École des femmes »

Elle est multiple, et M. Robert Jouanny, dans son édition du
*Théâtre* de Molière, en a résumé quelques aspects dans une série
de formules : « L'amour donne de l'esprit aux filles. — On ne
peut réduire une âme en esclavage. — Faut-il élever les femmes
pour notre plaisir ou pour leur bonheur ? — On n'attrape pas
les mouches avec du vinaigre. — Plus fait douceur que violence.
— La vie n'est-elle qu'une vallée de larmes, avec au bout
d'horribles chaudières pour faire bouillir les femmes mal
vivantes ? ou peut-on goûter sur terre, en passant, quelques
innocents plaisirs ? — Un bienfait égoïstement donné n'a
jamais lié personne. — L'amour ne se commande pas, il se
donne gratuitement, et il vient sans crier gare. — Le cœur
le plus indéchiffrable est celui d'une jeune fille... ». Oui, il y a
tout cela dans l'*École des femmes*, mais il y a surtout l'idée
que « l'amour est un grand maître » ; et il s'agit ici non plus
de l'amour sublimé des romans précieux et courtois ou de
l'amour héroïque de la grande tragédie cornélienne, capable
de susciter des prodiges de dépassement et de don de soi.
Il s'agit de l'amour-passion, tel qu'il apparaît dans la littérature
galante de l'époque, chez une Madeleine de Scudéry par exemple,
l'amour libre de préjugés, l'amour irrésistible, fatal, qui va droit
devant lui sans raisonner, l'amour qui engage l'être entier,
l'amour qui transfigure Agnès (et Horace), qui transfigure
Arnolphe lui-même, l'obligeant à jeter à terre son masque et sa
forfanterie. C'est l'amour qui déjà exerçait sa séduction et ses
ravages dans *la Princesse de Clèves*, celui de la seconde géné-
ration du siècle, un amour qui, dans le monde comique, annonce
celui que Racine concevra : capricieux, absolu, brûlant à

l'occasion des feux de la jalousie ou paré d'un charme inexprimable. *L'École des femmes* à cet égard marque le fossé qui sépare deux générations; elle rompt avec cette psychologie héroïque d'une humanité qui croyait à sa grandeur et pensait pouvoir, appuyée sur la raison, forger son destin. Molière, avec *l'École des femmes*, inaugure la psychologie de l'amour-passion qui courbe tous les êtres sous sa domination.

## 18. Molière et ses personnages

Il est vain de se demander, comme on l'a fait, si Molière a chargé un de ses personnages — Arnolphe ici — d'exprimer ses propres idées, ses inquiétudes ou son angoisse. Il paraît évident — et pour bien des raisons — que Molière n'est ni Arnolphe, ni Chrysalde, ni aucun autre personnage, bien qu'il ait fait profiter chacun d'eux de son expérience, de ses observations, de ses méditations. Ni Balzac, ni Flaubert, ni Stendhal ne se sont incarnés dans leurs personnages, mais on retrouve dans leurs héros des traits qui leur sont propres. Une créature n'échappe jamais complètement à son créateur.

Un auteur dramatique, écrit M. Pierre-Aimé Touchard (*Le Monde*, 1er fév. 1963), est certes, comme tous les artistes, un homme qui s'exprime, et donc, un homme qui se confesse. Et pour tous il est rare, il est exceptionnel que cette confidence soit simple et directe, sans camouflage ou sans transfiguration. Mais chez l'homme de théâtre la tentation du double-jeu est bien plus grande, puisque le dialogue lui permet d'être à la fois celui qui dit oui et celui qui dit non. Je crois même que l'auteur dramatique n'est auteur dramatique que parce qu'il est lui-même le théâtre d'un incessant conflit qu'il ne peut résoudre ni dépasser et dont il essaie de se délivrer en l'objectivant, en le dépliant sous nos yeux. C'est pourquoi il est dans sa vocation même d'échapper à toute approche indiscrète, de refuser de se laisser identifier à tel ou tel de ses héros [...]. Si Molière a mis toutes ses contradictions en personnages, s'il a voulu les maintenir vivantes sous ses yeux sans tenter de s'en accommoder, c'est qu'une exigence intérieure, plus forte que chez la plupart des hommes, lui interdisait de fuir un combat épuisant, mais auquel il attachait toute sa dignité d'homme [...]. Il s'est ainsi trouvé amené, par la vigueur même de son élan intérieur et de son honnêteté intellectuelle, à assumer sans cesse ces doubles exigences de sa personnalité : le besoin d'absolu et le respect du réel, l'appel de la jalousie et la volonté d'amour généreux ou, pour traduire cela en termes professionnels, il a dû tenter d'associer la vocation tragique, faite du besoin d'absolu, et les dons comiques, nés de l'observation lucide du réel [...] Mais il n'a pu le réussir qu'en maintenant à la scène des contradictions qui l'habitaient, grâce à ces étonnantes créations couplées de personnages comme Alceste et Philinte, don Juan et Sganarelle, Tartuffe et Orgon, Chrysale et Ariste...; [ajoutons Arnolphe et Chrysalde, Arnolphe et Agnès].

« J'écoute Arnolphe, et j'entends Molière », disait Maurice Donnay. Tenant compte du fait que *l'École des femmes* est une pièce où l'amour est maître, composée par un homme qui croit à l'amour et qui le possède heureusement au moment même où il écrit sa pièce, René Benjamin a pu justement rétorquer : « Grand Dieu ! Si vous êtes pressé d'entendre Molière, son cœur, sa voix, écoutez donc Agnès [...] pour qui la pièce est écrite. Si étonnant que ce soit, Agnès, voilà Molière ! » Flaubert ne disait-il pas, dans le même sens : « Madame Bovary, c'est moi »? Molière, c'est Agnès, non seulement parce qu'Agnès est amour, mais aussi parce qu'Agnès est « nature ». Molière a par-dessus tout horreur du mensonge et il ne cesse de dénoncer, dans les autres comme en lui-même, les déformations que le masque de la vie sociale ou les folles grimaces de la passion imposent aux hommes. Il s'oblige, en riant de ses propres misères comme de celles de tous les hommes, à se voir tel qu'il est, et il nous oblige à nous voir tels que nous sommes, dans notre vérité, sans outrecuidance et vanité. Par tous ces personnages qui s'opposent et reflètent en quelque sorte les contradictions de la nature humaine, il nous rappelle, comme le dit encore M. P.-A. Touchard, « qu'il est trop facile de choisir la vertu si l'âme n'est pas assez forte pour maintenir ce choix dans les engagements constants de la vie, et qu'il y a un aveuglement, sinon un mensonge, disons une tartufferie, à se déclarer trop vite du côté des purs et des raisonnables [...]. Les couples de la comédie de Molière sont des couples complémentaires ».

## 19. « L'École des femmes », pièce jeune et essentiellement théâtrale

C'est la plus jeune des quatre grandes comédies de Molière, la plus enlevée, la plus gaie. Extraordinaire mélange de gaillardise et de grâce, elle est bien ce cadeau de mariage dont parle Maurice Donnay, déposé par Molière dans la corbeille de noces d'Armande, une « pièce de lune de miel » comme dit René Benjamin. Sous les traits d'Agnès la recluse, l'ignorante, en qui soufflent soudain les appels de la vie, la femme y apparaît comme la grande éducatrice de l'homme, à laquelle on pourrait appliquer les paroles d'Anatole France en son *Jardin d'Épicure* : « Elle lui enseigne les vertus charmantes, la politesse, la discrétion, et cette fierté qui craint d'être importune; elle montre à quelques-uns l'art de plaire; à tous l'art de ne pas déplaire. On apprend d'elle que la société est plus complexe et d'une ordonnance plus délicate qu'on ne l'imagine communément [...]. Enfin on se pénètre près d'elle de cette idée [...] que ce n'est pas la raison qui gouverne les hommes. » Molière, dans le plein essor de son génie et le rayonnement de son bonheur, a mis dans cette pièce sa flamme, son espérance, sa joie, et il l'a parée de tous ses dons dans leur fraîcheur première. De la jeunesse elle a la fougue, l'ardeur, l'élan, le jaillissement, la tendresse, l'éclat, la poésie. On peut dire d'elle ce que Sainte-Beuve dit de l'ensemble des comédies de Molière : « De la farce franche et un peu grosse [...] on s'y élève, en passant par le naïf, le sérieux, le profondément observé, jusqu'à la fantaisie du réel dans toute sa pompe et au gai sabbat le plus délirant. » Si le début, en effet, peut paraître un peu lourd (Molière n'est jamais très à l'aise dans les discussions théoriques), la pièce est étonnante de verve et de féerie comme un conte qui mêlerait à la fantaisie rabelaisienne l'enluminure d'un conte de Perrault. Nulle pièce enfin ne demande, autant que *l'École des femmes*, la participation du public. « Lire *l'École* sans se représenter vivement la scène, sans jouer mentalement la pièce, revient à lire sans carte un chapitre de géographie, écrit Ramon Fernandez. L'équilibre des comédies de Molière repose sur les gestes. Les mouvements, les rythmes et les mots chez lui sont déterminés par les positions et désignent l'espace de la scène. » C'est pourquoi cette comédie, plus que toute autre, « appelle la collaboration du public, comme une musique de danse appelle la collaboration des danseurs ». L'enregistrement de la représentation de Jouvet dans le disque de *l'Encyclopédie sonore* nous fait entendre tout au long le rire qui souligne le jeu des acteurs et nous fait pour ainsi dire voir, derrière les paroles, l'extraordinaire mimique qui en est inséparable. « Plus je songe à la vie humaine, écrit Anatole France, plus je crois qu'il faut lui donner pour témoins et pour juges l'Ironie et la Pitié. » Cette pitié et cette ironie président à *l'École des femmes*. Par-delà les sarcasmes adressés à la mauvaise foi, Molière se penche avec compassion sur ces types humains que leur manie ou leur folie déforme, sur ces pauvres êtres que leurs passions font grimacer et qui sont, par leur imagination et leur extravagance, les bourreaux d'eux-mêmes et des autres. Il rêve à la beauté que pourrait revêtir dans sa droiture et sa loyauté la nature humaine, et, à travers ses cris et ses protestations, il nous fait entendre son grand amour de la vérité, son amour de la vie et de l'humanité.

# SCHÉMA DE LA COMÉDIE

I. - Arnolphe, qui se fait appeler M. de la Souche, a une peur horrible de l'infortune conjugale. Pour s'en préserver, il a jeté son dévolu, alors qu'il avait 29 ans, sur une petite fille de 4 ans, Agnès, dont il s'est constitué le tuteur et qu'il a fait élever à la campagne dans la solitude et l'ignorance la plus complète. Quand Agnès a eu 17 ans, il l'a retirée du couvent et l'a claustrée dans une maison proche de la sienne, sous la garde de deux domestiques. Il a maintenant 42 ans. Il se prépare à l'épouser. Il fait part de son intention à son ami Chrysalde et, tout en se gaussant des maris trompés, il vante les bienfaits de l'éducation donnée à Agnès et ce qu'il en attend. Chrysalde lui oppose, non sans ironie, des remontrances de bon sens. Survient un jeune blondin, Horace, fils d'un vieil ami d'Arnolphe : Oronte. Mis sur la voie des confidences par la jovialité d'Arnolphe, Horace conte à ce dernier sa dernière aventure galante : il a pu communiquer avec une jeune personne qui s'appelle Agnès et que garde jalousement un farouche Cerbère, nommé M. de la Souche. Comme Horace ignore que M. de la Souche est Arnolphe lui-même, Arnolphe devient ainsi le confident d'Horace.

**Une discussion gauloise**

**Des confidences qui se préparent.**

**Des tours à déjouer.**

II. - Arnolphe fait une scène à ses valets (ils ont laissé entrer le jeune homme), puis il questionne Agnès qui, avec naïveté, lui fait l'aveu de ce qui s'est passé entre Horace et elle. Rien de grave encore. Mais Arnolphe a eu chaud : il décide d'épouser Agnès ce jour même et ordonne à la jeune fille de recevoir le jeune homme à coups de pierre, s'il se présente de nouveau.

**Un interrogatoire angoissé et comique**

III. - Arnolphe prépare Agnès au mariage. Il lui fait un long sermon sur les austères devoirs de la femme envers son seigneur et maître, et lui fait lire les *Maximes du mariage ou les Devoirs de la femme mariée*. Il lui parle du diable « comme on parle de Croquemitaine à un enfant ». Agnès subit tout sans révolte. Arnolphe est rassuré : elle ne sera entre ses mains, pense-t-il, qu'une cire blanche qu'il pourra modeler à son gré. En quoi il s'abuse. Coup de théâtre en effet : survient Horace qui raconte à Arnolphe sa dernière tentative. Il a été repoussé par les valets. Agnès lui a jeté *un grès*... mais accompagné d'une lettre, la plus tendre et la plus délicate qu'on puisse imaginer. Il lit la lettre à Arnolphe qui n'en revient pas.

**Une leçon de catéchisme conjugal**

**Mais ruse de femme est la plus forte : le grès et la lettre.**

IV. - Arnolphe donne ses consignes à ses valets et s'abaisse jusqu'à répéter avec eux la scène de défense qu'ils devraient opposer à Horace, s'il venait. Peine perdue : Horace surgit devant Arnolphe, lui apprend qu'il a pu s'introduire chez Agnès; entendant venir son jaloux, elle a caché Horace dans une armoire, d'où il a assisté à la scène de dépit orageux de M. de la Souche, allant et venant dans la chambre, cassant des vases et manifestant une colère hideuse. Horace expose son plan : enlever la jeune fille pendant la nuit en escaladant le balcon. Arnolphe organise alors un guet-apens avec ses domestiques. Quand le galant sera au sommet de l'échelle, Alain et Georgette l'accueilleront à coups de bâton.

*Une répétition burlesque.*

*Le galant dans la place.*

*La maison en état de siège.*

V. - A moitié assommé par Alain et Georgette, Horace est tombé de l'échelle et a fait le mort. Pendant ce trouble, Agnès s'est enfuie. Retrouvant sans mal celui qu'elle aime, elle laisse éclater son transport. Elle ne veut plus rentrer au logis et s'en remet à la foi d'Horace. Celui-ci, pour ne pas ternir même en apparence l'honneur de la jeune fille, demande à Arnolphe de la garder chez lui en attendant le mariage. Nouveau coup de théâtre : Arnolphe, le nez caché dans son manteau, entraîne Agnès puis se fait reconnaître. La petite pousse un cri d'effroi. Arnolphe éclate en reproches, mais Agnès éclairée par l'amour répond à tout. Le barbon, désorienté, stupéfait, s'humilie, se jette à ses pieds, la supplie, frénétique, grotesque. Elle demeure insensible à cette comédie. Et c'est le dénouement, rapide, pressé, romanesque à souhait. Le père d'Horace et le père d'Agnès arrivent d'Amérique exprès pour marier les deux jeunes gens que, sans les consulter, ils avaient décidé d'unir l'un à l'autre. Arnolphe s'effondre et disparaît.

**Les deux amants réunis**

*Le duo d'amour.*

*La dernière chance d'Arnolphe.*

*Reproches, supplications, menaces.*

*La fortune complice.*

# ÉPÎTRE

## A MADAME[1]

Madame,

Je suis le plus embarrassé homme du monde lorsqu'il me faut dédier un livre, et je me trouve si peu fait au style d'épître dédicatoire que je ne sais par où sortir de celle-ci. Un autre auteur qui serait à ma place trouverait d'abord cent belles choses à dire à Votre Altesse Royale sur le titre de L'École des femmes et l'offre qu'il vous en ferait. Mais pour moi, Madame, je vous avoue mon faible[2]. Je ne sais point cet art de trouver des rapports entre des choses si peu proportionnées; et, quelques belles lumières que mes confrères les auteurs me donnent tous les jours sur de pareils sujets, je ne vois point ce que Votre Altesse Royale pourrait avoir à démêler avec la comédie que je lui présente. On n'est pas en peine, sans doute, comment il faut faire pour vous louer. La matière, Madame, ne saute que trop aux yeux, et, de quelque côté qu'on vous regarde, on rencontre gloire sur gloire et qualités sur qualités. Vous en avez, Madame, du côté du rang et de la naissance, qui vous font respecter de toute la terre. Vous en avez du côté des grâces et de l'esprit et du corps, qui vous font admirer de toutes les personnes qui vous voient. Vous en avez du côté de l'âme, qui, si l'on ose parler ainsi, vous font aimer de tous ceux qui ont l'honneur d'approcher de vous: je veux dire cette douceur pleine de charmes dont vous daignez tempérer la fierté des grands titres que vous portez; cette bonté toute obligeante, cette affabilité généreuse que vous faites paraître pour tout le monde; et ce sont particulièrement ces dernières pour qui je suis, et dont je sens fort bien que je ne me pourrai taire quelque jour. Mais, encore une fois, Madame, je ne sais point le biais de faire entrer ici des vérités si éclatantes, et ce sont choses, à mon avis, et d'une trop vaste étendue et d'un mérite trop relevé pour les vouloir renfermer dans une épître et les mêler avec des bagatelles. Tout bien considéré, Madame, je ne vois rien à faire ici pour moi que de dédier simplement ma comédie, et de vous assurer, avec tout le respect qu'il m'est possible, que je suis de Votre Altesse Royale,

Madame,

Le très-humble, très-obéissant et très-obligé serviteur[3],

J.-B. P. MOLIÈRE.

---

1. Henriette-Anne d'Angleterre (1644-1670), fille de Charles Ier et d'Henriette de France. Elle avait épousé en 1661 le frère de Louis XIV, *Monsieur* (Philippe, duc d'Orléans), protecteur de Molière. Fine, intelligente, cultivée, elle goûtait, dit Bossuet, « la beauté des ouvrages de l'esprit ». Racine lui dédia *Andromaque*. C'est elle, dit-on, qui proposa à Corneille et à Racine le sujet de *Titus et Bérénice*. Elle distingua Mme de Lafayette. Elle défendit Molière contre ses ennemis et fut, en 1664, la marraine de son premier enfant. Sa mort tragique en 1670 inspira à Bossuet une de ses plus belles oraisons funèbres. On peut voir à Versailles le portrait qui représente *Madame* assise, tenant sur ses genoux un king-charles (épagneul du roi Charles). — 2. Mon insuffisance. — 3. Le portrait de *Madame* que trace ici Molière n'est pas de pure convenance. On s'en rendra compte en le rapprochant de celui que fera Bossuet en 1670. Sur la gloire de la princesse, sur sa douceur, Bossuet a repris ou développé les expressions mêmes de Molière.

# PRÉFACE

[1] Bien des gens ont frondé [1] d'abord cette comédie; mais les rieurs ont été pour elle, et tout le mal qu'on en a pu dire n'a pu faire qu'elle n'ait eu un succès [2] dont je me contente. Je sais qu'on attend de moi, dans cette impression [3], quelque préface qui réponde aux censeurs et rende raison de mon ouvrage; et sans doute que je suis assez redevable à toutes les personnes qui lui ont donné leur approbation, pour me croire obligé de défendre leur jugement contre celui des autres; mais il se trouve qu'une grande partie des choses que j'aurais à dire sur ce sujet est déjà dans une dissertation [4] que j'ai faite en dialogue, et [10] dont je ne sais encore ce que je ferai. L'idée de ce dialogue, ou, si l'on veut, de cette petite comédie, me vint après les deux ou trois premières représentations de ma pièce. Je la dis, cette idée, dans une maison où je me trouvai un soir; et d'abord une personne de qualité [5], dont l'esprit est assez connu dans le monde, et qui me fait l'honneur de m'aimer, trouva le projet assez à son gré, non seulement pour me solliciter d'y mettre la main, mais encore pour l'y mettre lui-même; et je fus étonné que deux jours après il me montra toute l'affaire exécutée d'une manière, à la vérité, beaucoup plus galante et plus spirituelle que je ne puis faire, mais où je trouvai des choses trop [20] avantageuses pour moi; et j'eus peur que, si je produisais cet ouvrage sur notre théâtre, on ne m'accusât d'abord d'avoir mendié les louanges qu'on m'y donnait. Cependant cela m'empêcha, par quelque considération, d'achever ce que j'avais commencé. Mais tant de gens me pressent tous les jours de le faire que je ne sais ce qui en sera, et cette incertitude est cause que je ne mets point dans cette Préface ce qu'on verra dans la *Critique*, en cas que je me résolve à la faire paraître. S'il faut que cela soit, je le dis encore, ce sera seulement pour venger le public du chagrin délicat de certaines gens; car, pour moi, je m'en tiens assez vengé par la réussite [6] de ma comédie; et je souhaite que [30] toutes celles que je pourrai faire soient traitées par eux comme celle-ci, pourvu que le reste suive de même.

---

1. Ont critiqué; mais *frondé* est plus vif et était tout à fait à la mode. — 2. Résultat. On sait que la pièce eut la faveur du plus grand nombre; Molière se contente de ce résultat, en dépit des censeurs. Le même argument se retrouve dans d'autres préfaces ou Avertissements : voir p. 11. — 3. L'achevé d'imprimer est du 17 mars 1663. — 4. Cette *dissertation* est *la Critique de l'École des femmes* qui sera représentée le 1er juin 1663 : voir l'éd. *Bordas*, p. 27-29. — 5. Selon Donneau de Visé, cette *personne de qualité* serait l'abbé Du Buisson, « un des plus grands hommes du siècle »; « grand introducteur des ruelles », selon Somaize. — 6. Voir la n. 2.

Molière
dans le rôle
d'Arnolphe ►

Détail d'une toile d'un
auteur inconnu

(Théâtre-Français)

Mlle De Brie
dans le rôle d'Agnès

Litho de Delpech

▼

# DISTRIBUTION

| LES PERSONNAGES | LES ACTEURS |
|---|---|
| ARNOLPHE, autrement dit Monsieur de la Souche. | *Molière*, qui accusait jusqu'à la charge le côté ridicule et comique du personnage. |
| AGNÈS, jeune fille innocente élevée par Arnolphe. | *Mlle De Brie*, âgée de 33 ans; elle tiendra le rôle jusqu'à plus de 60 ans [1]. |
| HORACE, amant d'Agnès. | *La Grange.* |
| ALAIN, paysan, valet d'Arnolphe. | *Brécourt.* |
| GEORGETTE, paysanne, servante d'Arnolphe. | *Mlle La Grange* (Marotte avant son mariage). |
| CHRYSALDE, ami d'Arnolphe. | |
| ENRIQUE, beau-frère de Chrysalde. | |
| ORONTE, père d'Horace et grand ami d'Arnolphe. | |
| UN NOTAIRE. | |

*La scène est dans une place de ville.*

Décor. L'édition de 1734 précise : « à Paris dans une place de faubourg ». Le manuscrit de Laurent Mahelot dit : « Le théâtre est deux maisons sur le devant, et le reste est une place de ville ».
« Le texte de Molière suppose une maison où Arnolphe tient Agnès recluse, un jardin où il se promène avec elle, un carrefour où il rencontre Horace. Du temps de Molière, le décor était, dans beaucoup de pièces, réduit à ce carrefour qui permettait de satisfaire à l'unité de lieu, mais offre des invraisemblances qui n'ont pas échappé à la critique, ni à Molière lui-même [voir les v. 454-455, 503, 1143]. Le public acceptait comme une convention commode ce lieu unique de rencontre des interlocuteurs. Cette tradition s'est longtemps maintenue. En 1922, lors du tricentenaire de Molière, la Comédie-Française avait aménagé, au devant de la maison d'Agnès, un terre-plein où les acteurs venaient jouer les scènes censées avoir lieu dans le jardin de la maison d'Arnolphe. Plus tard, à l'Odéon, Gémier, puis Paul Abram ont fait de ce terre-plein un jardin suffisamment spacieux pour l'évolution des personnages. En 1936, enfin, pour la reprise de *l'École des femmes* par Louis Jouvet au théâtre de l'Athénée, l'ingénieux décor de Christian Bérard résolvait de la façon la plus charmante toutes les difficultés de l'unité de lieu : il suffit qu'un jeu de machinerie fasse se déployer les murs de clôture de la maison d'Arnolphe, pour qu'apparaisse le frais jardin de rêve, où Agnès écoutera les leçons d'Arnolphe et la voix de l'amour » (Émile Henriot, *XVII[e] siècle*, éd. revue et augmentée, p. 398).

---

1. Le rôle d'Agnès, qui est au Conservatoire un merveilleux rôle d'ingénue, a toujours porté bonheur à ses interprètes. Il y en a eu de remarquables, notamment, à la fin du XIXe siècle, Suzanne Reichenberg et, au XXe siècle, Madeleine Ozeray, Dominique Blanchar...

# L'ÉCOLE DES FEMMES

## COMÉDIE

REPRÉSENTÉE POUR LA PREMIÈRE FOIS A PARIS
SUR LE THÉATRE DU PALAIS-ROYAL LE 26 DÉCEMBRE 1662
PAR LA TROUPE DE MONSIEUR, FRÈRE UNIQUE DU ROI

## ACTE PREMIER

### SCÈNE PREMIÈRE. — CHRYSALDE, ARNOLPHE [1].

CHRYSALDE. — Vous venez, dites-vous, pour lui donner la main [2] ?

ARNOLPHE. — Oui, je veux terminer la chose dans demain [3].

CHRYSALDE. — Nous sommes ici seuls; et l'on peut, ce me semble,
Sans craindre d'être ouïs, y discourir ensemble.
[5] Voulez-vous qu'en ami je vous ouvre mon cœur?
Votre dessein pour vous me fait trembler de peur;
Et de quelque façon que vous tourniez l'affaire [4],
Prendre femme est à vous un coup bien téméraire.

ARNOLPHE. — Il est vrai, notre ami. Peut-être que chez vous
[10] Vous trouvez des sujets de craindre pour chez nous;
Et votre front, je crois, veut que du mariage
Les cornes [5] soient partout l'infaillible apanage [6] ?

CHRYSALDE. — Ce sont coups du hasard, dont on n'est point garant,
Et bien sot, ce me semble, est le soin [7] qu'on en prend [8].
[15] Mais quand je crains pour vous, c'est cette raillerie
Dont cent pauvres maris ont souffert la furie;
Car enfin vous savez qu'il n'est grands ni petits
Que de votre critique on ait vus garantis;
Car vos plus grands plaisirs sont, partout où vous êtes,
[20] De faire cent éclats des intrigues secrètes...

---

1. Grand lecteur de nos auteurs gaulois, Molière savait que saint Arnolphe est le patron des maris trompés, ainsi qu'en témoigne l'expression : devoir une fière chandelle à saint Arnolphe. — 2. L'épouser. — 3. Dès demain. Au XVIIe s., *dans* avait un sens plus étendu qu'aujourd'hui, et notamment un sens temporel. — 4. Le mot *affaire* servait à désigner toute espèce de choses. C'était un mot à la mode. — 5. *Porter des cornes, avoir des cornes*, c'est, dit Littré, « être trompé par sa femme, par allusion sans doute aux cornes, symbole de moquerie ». C'est — comme « être cocu » qui a le même sens — un terme de mépris et très libre. — 6. Au figuré : ce qui est le propre de quelqu'un ou de quelque chose. — 7. Sens latin : le souci. — 8. Chrysalde, non sans malice, annonce par avance à Arnolphe l'infortune qui l'attend. Ces deux vers annoncent la moralité de la pièce, inspirée de *la Précaution inutile* de Scarron.

ARNOLPHE. — Fort bien : est-il au monde une autre ville aussi
Où l'on ait des maris si patients [1] qu'ici ?
Est-ce qu'on n'en voit pas, de toutes les espèces,
Qui sont accommodés [2] chez eux de toutes pièces ?
25 L'un amasse du bien, dont sa femme fait part
A ceux qui prennent soin de le faire cornard [3];
L'autre, un peu plus heureux, mais non pas moins
[infâme,
Voit faire tous les jours des présents à sa femme,
Et d'aucun soin [4] jaloux n'a l'esprit combattu
30 Parce qu'elle lui dit que c'est pour sa vertu [5].
L'un fait beaucoup de bruit qui ne lui sert de guères [6];
L'autre en toute douceur laisse aller les affaires
Et, voyant arriver chez lui le damoiseau [7],
Prend fort honnêtement [8] ses gants et son manteau.
35 L'une de son galant, en adroite femelle,
Fait fausse confidence [9] à son époux fidèle,
Qui dort en sûreté sur un pareil appas [10],
Et le plaint, ce galant, des soins qu'il ne perd pas;
L'autre, pour se purger [11] de sa magnificence,
40 Dit qu'elle gagne au jeu l'argent qu'elle dépense;
Et le mari benêt [12], sans songer à quel jeu,
Sur les gains qu'elle fait rend des grâces à Dieu.
Enfin ce sont partout des sujets de satire;
Et comme spectateur, ne puis-je pas en rire ?
45 Puis-je pas [13] de nos sots [14]...?

CHRYSALDE. — Oui; mais qui rit d'autrui
Doit craindre qu'en revanche on rie [15] aussi de lui.
J'entends parler le monde; et des gens se délassent
A venir débiter les choses qui se passent;
Mais, quoi que l'on divulgue aux endroits où je suis,
50 Jamais on ne m'a vu triompher de ces bruits.
J'y suis assez modeste [16]; et bien qu'aux occurrences [17]

---

1. Qui supportent si facilement leur infortune. — 2. Se dit ironiquement et familièrement dans le sens de : arrangés de mille manières, mis à toutes les sauces, traités et maltraités sans égards. — 3. Lui faire porter des cornes. Voir p. 37, n. 5. — 4. Souci. — 5. Son mérite. — 6. Qui ne lui sert guère. L'ancienne langue ajoutait volontiers un *s*, dit adverbial, à beaucoup d'adverbes. Cette forme s'est conservée surtout chez les poètes pour les besoins de la mesure ou de la rime. — 7. Jeune freluquet qui fait la cour aux dames. — 8. Avec courtoisie. — 9. *Faire fausse confidence :* tromper en faisant une prétendue révélation. — 10. Ruse, artifice. — 11. Se justifier, se disculper. — 12. Prononciation normande de : benoît (de *benedictus*, bénit), au sens péjoratif de « niais », par déformation du sens évangélique : *Beati pauperes spiritu.* — 13. Ellipse de *ne*, usuelle dans le langage familier. — 14. Maris trompés. — 15. Ellipse, par licence poétique, du *ne* explétif. — 16. Modéré, mesuré. — 17. A l'occasion.

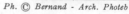

Louis Jouvet
et
Dominique Blanchar

Athénée 1940

ARNOLPHE. - *Que faites-vous donc là?*
(I, 3, v. 239)

Louis Jouvet (ARNOLPHE)
et
Madeleine Ozeray (AGNÈS)

Athénée 1936

AGNÈS. - *Hélas! si vous saviez comme il était ravi...*
(II, 5, v. 553)

Je puisse condamner certaines tolérances,
Que mon dessein ne soit de souffrir nullement
Ce que d'aucuns [1] maris souffrent paisiblement,
55 Pourtant je n'ai jamais affecté de [2] le dire :
Car enfin il faut craindre un revers de satire [3],
Et l'on ne doit jamais jurer sur de tels cas
De ce qu'on pourra faire, ou bien ne faire pas.
Ainsi, quant à mon front, par un sort qui tout mène,
60 Il serait arrivé quelque disgrâce humaine [4],
Après mon procédé, je suis presque certain
Qu'on se contentera de s'en rire sous main [5];
Et peut-être qu'encor j'aurai cet avantage
Que quelques bonnes gens diront que c'est dommage.
65 Mais de vous, cher compère [6], il en est autrement :
Je vous le dis encor, vous risquez diablement [7].
Comme sur les maris accusés de souffrance [8]
De tout temps votre langue a daubé [9] d'importance,
Qu'on vous a vu contre eux un diable déchaîné,
70 Vous devez marcher droit pour n'être point berné [10];
Et s'il faut que sur vous on ait la moindre prise,
Gare qu'aux carrefours on ne vous tympanise [11],
Et...

ARNOLPHE. —      Mon Dieu, notre ami, ne vous tourmentez point;
Bien huppé [12] qui pourra m'attraper sur ce point.
75 Je sais les tours rusés et les subtiles trames [13]
Dont, pour nous en [14] planter, savent user les femmes,
Et comme on est dupé par leurs dextérités [15].

---

1. Certains. — 2. Aimé à. Du lat. *affectare*, désirer vivement. Le nom *affectation*, dérivé de ce verbe, exprime au XVIIe siècle la même nuance de désir véhément. Cf. La Bruyère, *Caractères*, XIV, 46 : « Il se trouve des juges... qu'une trop grande affectation de passer pour incorruptibles expose à être injustes. » — 3. Une satire qui se retourne contre celui qui la fait. — 4. Être trompé par sa femme. — 5. Secrètement, en cachette. — 6. Terme d'amitié, d'un emploi familier. — 7. En diable, excessivement. Cf. Regnard, *le Distrait*, V, 7 : « J'ai diablement d'esprit; on écrit mes sentences. » — 8. De complaisance (souffrir qu'on les berne) ou bien : d'être malheureux (souffrir parce qu'on les berne). Le premier sens est tout à fait conforme à l'emploi du mot au XVIIe s. Dans *la Galerie du Palais*, III, 1, Corneille avait écrit : « Votre extrême *souffrance* à ces rigueurs l'invite. » En 1660, il change le mot *souffrance* par un autre qui en précise bien le sens : « Votre humeur *endurante* à ces rigueurs l'invite. » Mais le second sens paraît possible, puisqu'Arnolphe ne raille pas seulement le mari qui supporte la chose en fermant les yeux, mais aussi le mari aveugle. — 9. On disait, indifféremment, *dauber quelqu'un* ou *dauber sur quelqu'un* : l'étriller, le malmener, le railler. — 10. *Berner*, au propre, c'est faire sauter en l'air dans une couverture, comme il arriva à Sancho. Cf. *Zélinde*, 1663, sc. 8 : « Je voudrais le faire berner et faire tenir la couverture par quatre marquis. » Au figuré : bafouer, railler. — 11. *Tympaniser*, au propre : « publier au son du *tympan*, c'est-à-dire du tambour »; au figuré : décrier publiquement, railler à grand bruit. — 12. Image pittoresque et familière pour : bien fort, bien malin. — 13. Les intrigues nouées. Cf. tramer un complot. — 14. *En* : des cornes. — 15. Le pluriel donne au terme abstrait un sens concret : il évoque l'abondance des ruses féminines.

Contre cet incident j'ai pris mes sûretés;
Et celle que j'épouse a toute l'innocence
⁸⁰ Qui peut sauver mon front de maligne influence ¹.

---

1. Terme d'astrologie. *L'influence* (lat. *influere*, couler dans) se disait d'une sorte de fluide supposé, qui, descendant des astres, exerçait une action bonne ou mauvaise sur les hommes et sur les choses. La force même du terme met en relief l'extravagante jobarderie du personnage si sûr de lui contre le Ciel même.

---

- **Le thème du cocuage** — Ce thème de l'infortune conjugale a préoccupé Molière. On a pu relever, dans ce premier entretien entre Chrysalde et Arnolphe, toute une variation sur les cornes, preuve que Molière traitait là une question qui lui tenait à cœur. Il s'y est arrêté dans plusieurs de ses pièces et non seulement dans *Sganarelle ou le Cocu imaginaire*, mais dans *George Dandin*, et, sous une forme moins directe et plus allusive, jusque dans *Tartuffe* où Dorine désigne comme nécessairement voué à cette infortune le triste héros qui, s'il épousait Mariane, serait un de ces maris faits d'un certain modèle à qui il est difficile d'être fidèle; dans *les Femmes savantes* aussi où Henriette, face à face avec Trissotin, lui rappelle les inconvénients d'un mariage forcé (v. 1537-1542). Le thème des cornes, comme dirait aujourd'hui la nouvelle critique « thématique », correspond, chez Molière, à une véritable obsession.

- **Confidence ou peinture de mœurs?** — Mais cette insistance signifie-t-elle, comme on l'a prétendu, que Molière nous fait une confidence indirecte sur sa vie personnelle? Jamais il n'a été plus heureux qu'à cette époque : voir p. 15. Un an après *l'École des maris*, fidèle représentant de la tradition gauloise, il se fait ici, avec une liberté et sur un ton très populaires, le peintre des mœurs d'une société qu'il juge et dont il condamne le désordre, sans qu'il soit besoin de donner à la fantaisie débridée de sa verve l'accent prophétique d'un homme angoissé de ses futurs chagrins.

- **Ce que Molière pense du mariage**
  ① Montrez, par des rapprochements avec d'autres pièces, comment Molière s'est fait le défenseur de cette institution où il voit la base et le fondement de la société, et dont la solidité, selon lui, ne peut reposer que sur le respect de l'ordre naturel: l'amour dans l'accord des volontés et des cœurs. Dans la répartition des rôles conjugaux, comment conçoit-il le rôle de la femme?

- **Intérêt dramatique de la scène**
  ② Mais cette scène n'a-t-elle pas aussi un intérêt dramatique, et lequel? Pourquoi Molière insiste-t-il tant sur la sotte présomption, l'indélicatesse d'Arnolphe et la trop facile indulgence de Chrysalde? Pourquoi et comment, dans l'exagération de l'optique théâtrale et le jeu cruel de la comédie, oppose-t-il d'un côté tant d'assurance malicieuse, de l'autre tant de prudence dans la réserve, tant de complaisance dans l'appel à la modération?

CHRYSALDE. — Et que prétendez-vous qu'une sotte, en un mot...

ARNOLPHE. — Épouser une sotte est pour n'être point sot [1].
Je crois, en bon chrétien [2], votre moitié fort sage;
Mais une femme habile est un mauvais présage;
85 Et je sais ce qu'il coûte à de certaines gens
Pour avoir pris les leurs avec trop de talents.
Moi, j'irais me charger d'une spirituelle [3]
Qui ne parlerait rien que cercle [4] et que ruelle [5],
Qui de prose et de vers ferait de doux écrits,
90 Et que visiteraient marquis et beaux esprits,
Tandis que, sous le nom du mari de Madame,
Je serais comme un Saint que pas un ne réclame [6] ?
Non, non, je ne veux point d'un esprit qui soit haut;
Et femme qui compose en sait plus qu'il ne faut.
95 Je prétends que la mienne, en clartés [7] peu sublime,
Même ne sache pas ce que c'est qu'une rime;
Et s'il faut qu'avec elle on joue au corbillon [8]
Et qu'on vienne lui dire à son tour : « Qu'y met-on? »
Je veux qu'elle réponde : « Une tarte à la crème »;
100 En un mot, qu'elle soit d'une ignorance extrême;
Et c'est assez pour elle, à vous en bien parler,
De savoir prier Dieu, m'aimer, coudre et filer.

CHRYSALDE. — Une femme stupide est donc votre marotte [9] ?

ARNOLPHE. — Tant, que j'aimerais mieux une laide bien sotte
105 Qu'une femme fort belle avec beaucoup d'esprit.

---

1. Arnolphe joue sur les mots. *Sotte* : bête, de peu d'intelligence et de savoir; *sot* : mari trompé.

| | |
|---|---|
| Un jour un curé querellait | Mais venant à l'appeler *sot*, |
| Un homme proche de sa femme, | Tout soudain dans l'excès du zèle |
| Et s'emportant fort l'appelait | D'une sainte dévotion : |
| Traître, larron, coquin, infâme. | Ah! Messieurs, ce méchant, dit-elle, |
| A tout cela la bonne dame | Révèle ma confession. |
| Écoutait et ne disait mot. | Sarasin, *Œuvres*, 1656, t. II, p. 84. |

— 2. Par charité. Malicieuse expression qui souligne l'ironie d'un doute malveillant. — 3. Une intellectuelle. L'ellipse du substantif était fréquente. On disait : un fâcheux, un précieux; voir plus loin : *une bête* (v. 110), *la stupide* (v. 115). — 4. Réunion mondaine. — 5. C'était l'espace (compris entre le lit et le mur latéral de la chambre) où les dames de qualité recevaient leurs visites; des sièges y étaient disposés — tabourets, chaises, fauteuils — pour ceux des visiteurs qui ne préféraient pas s'asseoir sur leurs manteaux ou sur la balustrade de l'alcôve. — 6. Ce n'est pas une cheville. Au XVIIe s., le mot signifie bien : invoquer, implorer. — 7. Lumières de l'esprit. Cf. *le siècle des lumières*. — 8. *Le corbillon* était, au propre, un panier où mettre des oublies. *Le jeu du corbillon* était un jeu dans lequel, à cette question : « Corbillon, qu'y met-on? » il fallait répondre par un nom en *on*. Cf. la chanson *le Corbillon* d'Armand Gouffé :

De là ce jeu que chacun aime
Où l'on demande : *Qu'y met-on?*
Agnès répond *tarte à la crème*,
Malgré la rime et la raison.

— 9. Au propre, bâton de fou au bout duquel il y avait une petite figure ridicule en forme de marionnette, coiffée d'un bonnet; puis, ce bonnet lui-même; et enfin, au figuré, *avoir une marotte*, c'est avoir une idée fixe.

CHRYSALDE. — L'esprit et la beauté...

ARNOLPHE. —                                    L'honnêteté suffit.

CHRYSALDE. — Mais comment voulez-vous, après tout, qu'une bête
Puisse jamais savoir ce que c'est qu'être honnête ?
Outre qu'il est assez ennuyeux, que je croi[1],
110 D'avoir toute sa vie une bête avec soi,
Pensez-vous le bien prendre, et que sur votre idée
La sûreté d'un front puisse être bien fondée ?
Une femme d'esprit peut trahir son devoir,
Mais il faut, pour le moins, qu'elle ose le vouloir ;
115 Et la stupide au sien peut manquer d'ordinaire
Sans en avoir l'envie et sans penser le faire [2].

ARNOLPHE. — A ce bel argument, à ce discours profond,
Ce que Pantagruel à Panurge répond [3].
Pressez-moi de me joindre à femme autre que sotte,
120 Prêchez, patrocinez [4] jusqu'à la Pentecôte [5] ;
Vous serez ébahi, quand vous serez au bout,
Que vous ne m'aurez rien persuadé du tout [6].

CHRYSALDE. — Je ne vous dis plus mot.

1. Licence orthographique conforme à l'étymologie. — 2. Raisonnement tiré de *la Précaution inutile* de Scarron. Toute la pièce illustre la justesse de ce raisonnement. — 3. L'ellipse du verbe (je répondrai) accuse l'aveugle obstination qui se hâte de repousser toute raison. — 4. Plaidez (lat. *patronus*, avocat). — 5. Rime faible, fondée sur une prononciation défectueuse de la dernière syllabe, qui est longue. — 6. Cette phrase est dans *Pantagruel*, III, 5, mais il n'y est pas question de femmes et de mariage. C'est ailleurs (au chap. 9 du livre III) qu'à Panurge qui lui demande s'il doit se marier, Pantagruel répond tour à tour : « Mariez-vous donc de par Dieu » et « point donc ne vous mariez ».

● **Le problème de l'éducation des femmes** — Dans les vers 82-102, Arnolphe expose ses idées sur l'éducation des femmes.
① Rapprochez la tirade d'Arnolphe de celle de Chrysale dans *les Femmes savantes* (II, 8, v. 548-614) et dites si ces exagérations manifestes, dont vous expliquerez la cause, peuvent vous laisser croire que ces idées sont celles de Molière ?

● **Comment Molière prend parti dans les luttes du temps** — Au XVIIe siècle, l'éducation des femmes se réduisait à peu près à l'enseignement pratique des couvents : voir Maurice Levaillant, introd. aux *Femmes savantes*.
② En faisant faire l'éloge d'un tel système d'éducation par des personnages ridicules, Molière ne prend-il pas par là-même parti contre ce système ? Ne se range-t-il pas parmi les partisans d'une éducation plus libérale et plus ouverte, dans la réplique qu'il dicte à Chrysalde (v. 107-116) ? Ne se montre-t-il pas ici du côté des précieuses (non ridicules) et des femmes instruites (sans pédantisme) qui, vers le milieu du siècle, revendiquaient le droit de cultiver non plus seulement leurs vertus domestiques, mais leur intelligence

ARNOLPHE. —            Chacun a sa méthode.
125 En femme, comme en tout, je veux suivre la mode.
Je me vois riche assez pour pouvoir, que je croi [1],
Choisir une moitié qui tienne tout de moi
Et de qui la soumise et pleine dépendance
N'ait à me reprocher aucun bien ni naissance.
Un air doux et posé, parmi d'autres enfants,
130 M'inspira de l'amour pour elle dès quatre ans;
La mère se trouvant de pauvreté pressée,
De la lui demander il me vint la pensée;
Et la bonne paysanne [2], apprenant mon désir,
A s'ôter cette charge eut beaucoup de plaisir.
135 Dans un petit convent [3], loin de toute pratique [4],
Je la fis élever selon ma politique [5],
C'est-à-dire ordonnant quels soins on emploierait
Pour la rendre idiote autant qu'il se pourrait.
Dieu merci, le succès a suivi mon attente;
140 Et, grande, je l'ai vue à tel point innocente
Que j'ai béni le Ciel d'avoir trouvé mon fait,
Pour me faire une femme au gré de mon souhait.
Je l'ai donc retirée; et, comme ma demeure
A cent sortes de monde est ouverte à toute heure,
145 Je l'ai mise à l'écart, comme il faut tout prévoir,
Dans cette autre maison où nul ne me vient voir;
Et pour ne point gâter sa bonté naturelle [6],
Je n'y tiens que des gens tout aussi simples qu'elle [7].
Vous me direz : « Pourquoi cette narration? »
150 C'est pour vous rendre instruit [8] de ma précaution.
Le résultat de tout est qu'en ami fidèle,
Ce soir, je vous invite à souper avec elle :
Je veux que vous puissiez un peu l'examiner
Et voir si de mon choix on me doit condamner.

CHRYSALDE. - 155 J'y consens.

ARNOLPHE. —           Vous pourrez, dans cette conférence [9],
Juger de sa personne et de son ignorance.

---

1. Voir p. 43, n. 1. — 2. *Pay*, dans *paysanne*, était monosyllabique. — 3. Orthographe usuelle à l'époque pour *couvent;* cf. vers 740 et 1611. — 4. Relation, fréquentation. — 5. Arnolphe est un doctrinaire prudent, qui a choisi son sujet et s'y est pris de longue main. Si les résultats qu'il vise, et dont il a le front de se vanter, sont odieux et suffisent à le condamner, il ne pourra nier — circonstance aggravante — qu'il y ait eu préméditation. — 6. Comme Molière, comme Montaigne, comme Rousseau plus tard, Arnolphe croit — contre le XVIIe siècle en général — que la nature est bonne et que l'usage du monde la corrompt. Mais quoi de plus contraire à la nature que cette vie de recluse à laquelle Arnolphe condamne Agnès? — 7. Ces *gens simples*, c'est Alain et Georgette, très simples en effet, mais dont la naïveté, comme celle d'Agnès, se retournera justement contre Arnolphe. — 8. Tour latin fréquent au XVIIe s. — 9. Rencontre.

CHRYSALDE. — Pour cet article-là, ce que vous m'avez dit
                     Ne peut...

ARNOLPHE. —            La vérité passe encor mon récit.
               Dans ses simplicités [1] à tout coup je l'admire,
160    Et parfois elle en dit dont je pâme [2] de rire.
               L'autre jour (pourrait-on se le persuader?),
               Elle était fort en peine, et me vint demander,
               Avec une innocence à nulle autre pareille [3],
               Si les enfants qu'on fait se faisaient par l'oreille [4].

CHRYSALDE. - 165 Je me réjouis fort, Seigneur Arnolphe...

---

1. Ses naïvetés. — 2. On disait indifféremment, au XVIIe s., *pâmer* ou *se pâmer*. Aujourd'hui, *se pâmer* est plus familier. — 3. Cheville fréquente, critiquée par Boileau. — 4. E. Rigal, dans son *Molière*, écrit : « Agnès a entendu dire par quelque prédicateur que la Vierge Marie a conçu l'Enfant-Dieu au moment où l'ange versait dans son oreille les paroles de l'Annonciation ». Ainsi que Molière l'a relevé dans *la Critique de l'École des femmes*, ce trait n'a de sel que par la façon dont Arnolphe l'accueille : « L'auteur n'a pas mis cela pour être soi un bon mot, mais seulement pour une chose qui caractérise l'homme et peint d'autant mieux son extravagance, puisqu'il rapporte une sottise triviale qu'a dite Agnès comme la chose la plus belle du monde, et qui lui donne une joie inconcevable. » (*éd. Bordas*, l. 720-24).

● **Molière et ses personnages** — Les personnages de Molière ne sont pas immobiles, limités au présent, fixés une fois pour toutes dans une image. Peignant des êtres bien vivants, il nous fait connaître, au moins sommairement, leur passé et les fait évoluer devant nous. N'est-ce pas le cas d'Agnès et d'Arnolphe? Après avoir débité sa tirade, Arnolphe, passant de l'exposé théorique à son application pratique, nous présente Agnès et nous fait savoir la précaution prise de longue date pour faire d'elle l'épouse de son rêve. Sous quels traits la peint-il?

① Sacha Guitry disait : « Vous me jugez sur mes réponses? — Si vous croyez que je ne vous juge pas sur vos questions! » Parcillement, ne pouvons-nous pas dire qu'en peignant Agnès, Arnolphe se peint lui-même? Quels traits de son caractère découvrons-nous dans le portrait qu'il nous trace de sa pupille et le récit qu'il nous fait de sa... prouesse?

● **L'imaginaire et le réel dans la comédie de Molière**

② Molière, a-t-on dit, peint d'après nature, et sa comédie est une comédie de vérité. Sans doute! Mais, dans ce jeu, Molière n'a-t-il pas heureusement mêlé à la peinture de la vérité les constructions de l'imagination et de la fantaisie? Pouvons-nous par exemple accorder une réalité aux moyens par lesquels Arnolphe prétend arriver à faire d'Agnès sa femme? L'aventure est-elle vraisemblable?

③ « Quel fourmillement *d'imaginaires* dans ce théâtre qu'on dit *de vérité*. Nous sommes sur la scène : tout y devient possible. L'illusion habite le cœur des êtres que la rampe éclaire. Ils sont en proie à des démons qu'aucune réalité ne leur permet d'anéantir ou de réduire... Ces êtres dont la présence s'impose à notre esprit ne sont point réels : ils sont vrais d'une vérité conçue par le génie créateur, par ce génie plus imaginatif encore que ses personnages qui les entraîne tous dans la sarabande de l'illusion. » (René Bray, ouvrage cité, p. 347).

ARNOLPHE. —                                                   Bon!
Me voulez-vous toujours appeler de ce nom?

CHRYSALDE. — Ah! malgré que j'en aie, il me vient à la bouche,
Et jamais je ne songe à Monsieur de la Souche.
Qui diable vous a fait aussi vous aviser,
170 A quarante et deux ans, de vous débaptiser,
Et d'un vieux tronc pourri de votre métairie
Vous faire dans le monde un nom de seigneurie [1] ?

ARNOLPHE. — Outre que la maison par ce nom se connaît,
La Souche plus qu'Arnolphe à mes oreilles plaît.

CHRYSALDE. 175 Quel abus de quitter le vrai nom de ses pères
Pour en vouloir prendre un bâti sur des chimères [2] !
De la plupart des gens c'est la démangeaison [3] ;
Et sans vous embrasser dans la comparaison,
Je sais un paysan qu'on appelait Gros-Pierre,
180 Qui, n'ayant pour tout bien qu'un seul quartier de
[terre,
Y fit tout à l'entour faire un fossé bourbeux,
Et de Monsieur de l'Isle [4] en prit le nom pompeux.

ARNOLPHE. — Vous pourriez vous passer d'exemples de la sorte;
Mais enfin de la Souche est le nom que je porte;
185 J'y vois de la raison [5], j'y trouve des appas [6],
Et m'appeler de l'autre est ne m'obliger pas.

CHRYSALDE. — Cependant la plupart ont peine à s'y soumettre,
Et je vois même encor des adresses de lettre...

ARNOLPHE. — Je le souffre aisément de qui n'est pas instruit;
190 Mais vous...

CHRYSALDE. —            Soit. Là-dessus nous n'aurons point de bruit [7],
Et je prendrai le soin d'accoutumer ma bouche
A ne plus vous nommer que Monsieur de la Souche.

ARNOLPHE. — Adieu. Je frappe ici pour donner le bonjour
Et dire seulement que je suis de retour.

---

1. La *seigneurie* est le territoire sur lequel s'étend l'autorité du *seigneur*. Remarquer le pittoresque des v. 171-172. — 2. De pures illusions. — 3. *Démangeaison*, au sens d'envie brûlante, désir violent, n'avait pas, au XVIIe s., un sens forcément comique et familier. Le mot est souvent employé dans le style élevé. — 4. Selon l'abbé d'Aubignac, Molière vise ici Thomas Corneille qui se faisait appeler *Corneille de l'Isle*. De fait, au moment de la querelle des *Précieuses*, on voit Thomas Corneille juger sévèrement la troupe des Bourbonniers (lettre du 1er déc. 1659 à l'abbé de Pure) à qui il n'a jamais confié aucune de ses pièces du vivant de Molière. — 5. La vraie *raison* est que, sur ce double nom, va reposer l'intrigue. De plus, saint Arnolphe étant le patron des maris trompés, notre homme redoute de porter un nom qui semble le prédestiner à l'infortune dont il a la phobie. — 6. Au propre, ruse, artifice pour attraper quelqu'un. Il est plaisant de constater qu'Arnolphe sera pris à son propre piège. — 7. De querelle.

CHRYSALDE, *s'en allant.*

-195 Ma foi, je le tiens fou de toutes les manières.

ARNOLPHE, *seul.*

— Il est un peu blessé[1] sur certaines matières.
Chose étrange de voir comme avec passion
Un chacun est chaussé[2] de son opinion!
Holà! *(Il frappe à sa porte.)*

---

1. Atteint, troublé dans son cerveau, un peu fou. — 2. Entêté. Mais combien plus pittoresque l'expression de Molière!

- **L'actualité dans la comédie de Molière**
  ① Dans les vers 165-192, et particulièrement dans la tirade de Chrysalde (v. 175-182), que vise Molière, et qui vise-t-il en particulier? On a dit que les écrivains classiques restent toujours en dehors de leurs œuvres et ne laissent jamais voir leurs propres sentiments. Est-ce pleinement vrai? Une mise au point n'est-elle pas nécessaire? La critique de Molière ne fait-elle pas une place à un ressentiment personnel? La comédie — comme la tragédie — reflète les mœurs du temps, et l'influence de l'actualité s'y fait jour. Molière raille ici la manie nobiliaire de la bourgeoisie de l'époque, que La Bruyère peindra au chapitre XIV de ses *Caractères*. Mais, en même temps, Molière n'ajoute-t-il pas un nouveau trait au caractère d'Arnolphe? Lequel? D'autre part, ce double nom qu'il fait prendre à son personnage n'est-il pas indispensable à l'intrigue? Quelle conclusion pouvons-nous tirer de ces considérations? Molière, peintre des mœurs et peintre des caractères, ne reste-t-il pas avant tout un homme de théâtre qui utilise les travers de son temps et les ridicules de l'homme selon les nécessités de sa comédie?

- **Bilan de cette scène d'exposition**
  ② Comment se présente cette première scène d'exposition? Quels en sont les différents mouvements, les articulations? L'exposition de la situation n'est-elle pas retardée du fait qu'avant d'en venir au sujet, Arnolphe et Chrysalde se livrent à une longue discussion générale sur le « cocuage » (voir, dans *le Misanthrope*, la discussion sur l'amitié et la sincérité, et, dans *les Femmes savantes*, les généralités sur le mariage et la vie intellectuelle des femmes)? Qu'apprenons-nous cependant, au cours de cet entretien entre experts en la matière, sur la situation, les faits, les personnages?

- **Le jeu théâtral**
  ③ Cette scène qui, à la lecture, peut paraître un peu longue, un peu lourde, est sans cesse ponctuée au théâtre par le rire des spectateurs. Il suffit, pour s'en rendre compte, d'écouter l'enregistrement de la représentation de Jouvet en 1936. Pourquoi? — parce que les comédies, comme le faisait remarquer Molière, sont écrites pour être jouées! Il est bien évident que tout le comique des propos des personnages est souligné par le jeu des acteurs, l'attitude, le geste, le regard, le ton, la mine, la mimique en un mot. Comment vous représentez-vous ce jeu? Indiquez, par quelques exemples, comment vous vous imaginez cette mimique.

### Scène II. — ALAIN, GEORGETTE, ARNOLPHE.

ALAIN.     —       Qui heurte [1]?

ARNOLPHE.  —           Ouvrez. *(A part.)* On aura, que je pense,
[200] Grande joie à me voir après dix jours d'absence.

ALAIN.     — Qui va là?

ARNOLPHE.  —       Moi.

ALAIN.     —       Georgette!

GEORGETTE.  —           Hé bien?

ALAIN.     —             Ouvre là-bas.

GEORGETTE.  — Vas-y, toi.

ALAIN.     —     Vas-y, toi.

GEORGETTE.  —       Ma foi, je n'irai pas.

ALAIN.     — Je n'irai pas aussi.

ARNOLPHE.  —       Belle cérémonie [2]
Pour me laisser dehors! Holà ho! je vous prie.

GEORGETTE. -[205] Qui frappe?

ARNOLPHE.  —     Votre maître.

GEORGETTE.  —       Alain!

ALAIN.     —       Quoi?
                C'est Monsieur.

GEORGETTE.  — Ouvre vite.

ALAIN.     —     Ouvre, toi.

GEORGETTE.  —       Je souffle notre feu.

ALAIN.     — J'empêche, peur du chat, que mon moineau ne sorte.

ARNOLPHE.  — Quiconque de vous deux n'ouvrira pas la porte
N'aura point à manger de plus de quatre jours.
Ha!

GEORGETTE. -[210] Par quelle raison y venir, quand j'y cours?

ALAIN.     — Pourquoi plutôt que moi? le plaisant stradagème [3]!

GEORGETTE.  — Ote-toi donc de là.

ALAIN.     —       Non, ôte-toi toi-même.

GEORGETTE.  — Je veux ouvrir la porte.

---

1. Comme en latin *pulsare*, heurter se disait, au XVIIe s., pour : frapper à une porte. — 2. Au sens ironique : bel échange de politesses. — 3. Alain estropie le mot *stratagème*, trop savant pour lui. Procédé comique dont Molière usera encore dans *les Femmes savantes* (v. 490).

ALAIN.    —                           Et je veux l'ouvrir, moi.

GEORGETTE.   — Tu ne l'ouvriras pas.

ALAIN.    —                   Ni toi non plus.

GEORGETTE.   —                      Ni toi.

ARNOLPHE.   — Il faut que j'aie ici l'âme bien patiente!

ALAIN, *en entrant.*

     -215 Au moins, c'est moi, Monsieur.

GEORGETTE, *en entrant.*

         —                Je suis votre servante;
       C'est moi.

ALAIN.    —           Sans le respect de Monsieur que voilà,
       Je te...

ARNOLPHE, *recevant un coup d'Alain.*

      —      Peste!

ALAIN.    —           Pardon.

ARNOLPHE.   —             Voyez ce lourdaud-là!

ALAIN.    — C'est elle aussi, Monsieur...

ARNOLPHE.   —            Que tous deux on se taise.
     220 Songez à me répondre et laissons la fadaise [1].
     Hé bien! Alain, comment se porte-t-on [2] ici?

ALAIN.    — Monsieur, nous nous... Monsieur, nous nous por...
                               [Dieu merci!
     Nous nous...

   *(Arnolphe ôte par trois fois le chapeau de dessus la tête d'Alain.)*

ARNOLPHE.   —         Qui vous apprend, impertinente bête,
     A parler devant moi le chapeau sur la tête?

ALAIN.    -225 Vous faites bien, j'ai tort.

---

1. Du provençal *fadesa* : sottise, niaiserie. Arnolphe caractérise bien cette scène où il ne faut voir qu'une plaisanterie de sots. — 2. Ce *on*, dans la pensée d'Arnolphe, vise Agnès qu'il désignera par son nom (v. 225) après la bouffonnerie du chapeau sur la tête.

======================================================================

● **La peinture des caractères** (sc. 1)

   ① Molière peint à fresque de vastes ensembles. Le personnage n'est pas campé devant nous d'un seul coup. Son portrait s'enrichit de touches successives, au fur et à mesure que l'action se déroule. Comment, dans cette première scène, vous apparaît ARNOLPHE? En face de ce péroreur abusif, si gonflé de soi, et en ce sens extravagant, comment vous apparaît CHRYSALDE?

● **Les nécessités de la dramaturgie**

   ② Montrez que tous ces discours et tout le rôle de Chrysalde ne servent qu'à l'exposition de la situation et à la présentation des caractères, et ne sont là que pour pousser Arnolphe au grossissement de l'optique théâtrale.

======================================================================

ARNOLPHE, *à Alain.*

—                                        Faites descendre Agnès.
                        *(à Georgette.)*
    Lorsque je m'en allai, fut-elle triste après?

GEORGETTE.  — Triste? Non.

ARNOLPHE.  —          Non?

GEORGETTE.  —          Si fait [1]!

ARNOLPHE.  —                    Pourquoi donc?...

GEORGETTE.  —                              Oui, je meure [2].
    Elle vous croyait voir de retour à toute heure;
    Et nous n'oyions jamais passer devant chez nous
230 Cheval, âne ou mulet, qu'elle ne prît pour vous [3].


SCÈNE III. — AGNÈS, ALAIN, GEORGETTE, ARNOLPHE.

ARNOLPHE.  — La besogne [4] à la main! c'est un bon témoignage.
    Hé bien! Agnès, je suis de retour de voyage;
    En êtes-vous bien aise?

AGNÈS.  —              Oui, Monsieur, Dieu merci.

ARNOLPHE.  — Et moi, de vous revoir je suis bien aise aussi.
235 Vous vous êtes toujours, comme on voit, bien portée?

AGNÈS.  — Hors les puces [5], qui m'ont la nuit inquiétée.

ARNOLPHE.  — Ah! vous aurez dans peu quelqu'un pour les chasser.

AGNÈS.  — Vous me ferez plaisir.

ARNOLPHE.  —              Je le puis bien penser.
    Que faites-vous donc là?

AGNÈS.  —              Je me fais des cornettes [6];
240 Vos chemises de nuit et vos coiffes [7] sont faites.

---

1. *Si est, si fait, si ferai* (où *si*, du latin *sic*, est adverbe d'affirmation) signifient : oui. De ces trois expressions, fort employées au XVIIe s., surtout dans le discours familier, il ne nous reste que *si fait*, assez rare d'ailleurs, et populaire. — 2. Formule elliptique pour : que je meure si je ne dis pas la vérité! — 3. Georgette, plus maligne qu'Alain, entre dans le désir de son maître, mais n'en décoche pas moins à son adresse, le plus naïvement du monde, un trait piquant à double sens qui soulève le rire des spectateurs. — 4. Métonymie : l'objet de son travail, c'est-à-dire les *cornettes* dont il sera question au v. 239. — 5. Ces *puces* qui ont inquiété les nuits d'Agnès viennent ici plus à propos que ne le pense Boursault, quand il écrit ironiquement *(Le Portrait du peintre)* :
        Jamais plus à propos vit-on puces paraître?
        D'aucun trait plus galant se peut-on souvenir?
Qu'Agnès n'ait pas d'autre inquiétude, et Arnolphe peut dormir tranquille. — 6. Bonnets de nuit à l'usage des femmes. Le mot ne prend-il pas une résonance ironique aux oreilles d'un homme qui a la phobie des cornes? — 7. « Garniture de bonnet de nuit, qui est de linge et qu'on change quand elle est sale » (*Dict.* de Furetière, 1690).

ARNOLPHE.   — Ah! voilà qui va bien. Allez, montez là-haut :
Ne vous ennuyez point, je reviendrai tantôt,
Et je vous parlerai d'affaires importantes.
*(Tous étant rentrés.)*
Héroïnes du temps, Mesdames les Savantes,
245 Pousseuses de tendresse et de beaux sentiments [1],
Je défie à la fois tous vos vers, vos romans,
Vos lettres, billets doux, toute votre science
De valoir cette honnête et pudique ignorance.

---

1. Expression du langage précieux. On trouve, dans les *Poésies* de Scudéry, un sonnet intitulé *la Pousseuse de beaux sentiments*. « Il y eut de bonne heure des *pousseurs* et des *pousseuses* de beaux sentiments, c'est-à-dire des précieux qui *filaient le parfait amour* selon la carte de Tendre et se piquaient de dire des choses galantes » (Cayrou).

━━━━━━━━━━━━━━━━━━━━━━━━━━━━━━━━━━━━━━━━━━━━━━━━━━━━━━━━━━━━━━

- **L'art de Molière** — « Le rythme est d'une importance capitale dans la composition de la comédie moliéresque, comme il l'était dans la *commedia dell'arte* : les fragments comiques sont disposés avec art en fonction du jeu et non de l'intrigue et soumis à une cadence qui relève presque de la chorégraphie. Pour Molière, le théâtre est un spectacle : il est fait pour être vu, puisqu'il est fait pour être joué » (René Bray).

  ① En vous appuyant sur ce jugement de R. Bray, vous direz quelle vous paraît être l'utilité de la scène 2. Montrez sur quel mécanisme elle est construite, comment la symétrie des répliques, les mouvements, le changement de résolution de la servante et du valet, déterminé par les injonctions et la menace du maître, leur empressement succédant à leur inertie créent sur la scène des marches et contremarches qu'on pourrait croire dessinées par un maître de ballet. Quels autres procédés de farce y trouvons-nous employés (v. 218 et 223) ? Le jeu du chapeau sur la tête d'Alain se rattache au mécanisme que Bergson appelle « le mécanisme du diable à ressort ». En quoi consiste-t-il (voir *le Comique*, p. 55 et suiv.) ? Montrez comment, après ce divertissement grotesque, la fin de la scène nous ramène à l'intrigue, c'est-à-dire à Agnès. Alain et Georgette sont-ils aussi simples d'esprit qu'Arnolphe le croit ?

- **Les caractères : Agnès**

  ② Agnès ne fait (sc. 3) qu'une très brève apparition. Comment vous apparaît-elle ? Ces *puces*, qui ne sont pour Arnolphe que l'occasion d'une réflexion gaillarde, qu'ont-elles de rassurant pour lui ?

- **A propos des puces : jugement de Mme Dussane**

  ③ « Sganarelle comme Arnolphe professent qu'ils ne sont tenus à aucun effort, ni moral ni physique pour rendre la vie conjugale agréable à la femme qu'ils considèrent comme leur propriété [...]. Ils se montreront les plus mesquins, les plus ridicules des tyrans, sans imaginer une seconde qu'ils sortent de leur bon droit. Leur femme est une domestique — et pas si loin même d'être une bête domestique — qu'ils [...] étouffent et à qui ils offrent, comme suprême distraction, le raccommodage de leur linge. Nous voyons en eux le fameux égoïsme masculin poussé au dernier degré du cynisme. »

━━━━━━━━━━━━━━━━━━━━━━━━━━━━━━━━━━━━━━━━━━━━━━━━━━━━━━━━━━━━━━

SCÈNE IV. — HORACE, ARNOLPHE.

ARNOLPHE.  — Ce n'est point par le bien qu'il faut être ébloui;
250 Et pourvu que l'honneur soit... Que vois-je? Est-ce?
                                                  ... Oui [1].
Je me trompe. Nenni. Si fait. Non, c'est lui-même,
Hor...

HORACE.  —          Seigneur Ar...

ARNOLPHE.  —                    Horace.

HORACE.  —                              Arnolphe.

ARNOLPHE.  —                                    Ah! joie extrême!
Et depuis quand ici?

HORACE.  —                    Depuis neuf jours.

ARNOLPHE.  —                                        Vraiment?

HORACE.  — Je fus d'abord chez vous, mais inutilement.

ARNOLPHE.  -255 J'étais à la campagne.

HORACE.  —                    Oui, depuis deux journées.

ARNOLPHE.  — Oh! comme les enfants croissent en peu d'années!
J'admire de le voir au point où le voilà,
Après que je l'ai vu pas plus grand que cela.

HORACE.  — Vous voyez.

ARNOLPHE.  —          Mais, de grâce, Oronte votre père,
260 Mon bon et cher ami, que j'estime et révère,
Que fait-il à présent? est-il toujours gaillard [2]?
A tout ce qui le touche il sait que je prends part.
Nous ne nous sommes vus depuis quatre ans ensemble,
Ni, qui plus est, écrit l'un à l'autre, me semble.

HORACE.  -265 Il est, Seigneur Arnolphe, encor plus gai que nous,
Et j'avais de sa part une lettre pour vous;
Mais depuis, par une autre, il m'apprend sa venue,
Et la raison encor ne m'en est pas connue.
Savez-vous qui peut être un de vos citoyens [3]
270 Qui retourne en ces lieux avec beaucoup de biens
Qu'il s'est en quatorze ans acquis dans l'Amérique?

ARNOLPHE.  — Mais vous a-t-on point dit comme on le nomme?

HORACE.  —                                        Enrique.

ARNOLPHE.  — Non.

---

1. L'*e* muet de *est-ce* n'est pas élidé. — 2. Gai, joyeux. — 3. Concitoyens; sens courant au XVIIᵉ s.

HORACE. — Mon père m'en parle, et qu'il est revenu
Comme s'il devait m'être entièrement connu,
275 Et m'écrit qu'en chemin ensemble ils se vont mettre
Pour un fait important que ne dit point sa lettre.
        *(Horace remet la lettre d'Oronte à Arnolphe.)*

ARNOLPHE. — J'aurai certainement grande joie à le voir,
Et pour le régaler[1] je ferai mon pouvoir[2].
        *(Après avoir lu la lettre.)*
Il faut, pour les amis, des lettres moins civiles,
280 Et tous ces compliments sont choses inutiles,
Sans qu'il prît le souci de m'en écrire rien,
Vous pouvez librement disposer de mon bien.

HORACE. — Je suis homme à saisir les gens par leurs paroles,
Et j'ai présentement besoin de cent pistoles.

ARNOLPHE. -285 Ma foi, c'est m'obliger que d'en user ainsi,
Et je me réjouis de les avoir ici.
Gardez aussi la bourse.

HORACE. —                    Il faut[3]...

ARNOLPHE. —                              Laissons ce style[4].
Hé bien! comment encor trouvez-vous cette ville?

HORACE. — Nombreuse en citoyens[5], superbe en bâtiments;
290 Et j'en crois merveilleux les divertissements.

ARNOLPHE. — Chacun a ses plaisirs, qu'il se fait à sa guise;
Mais pour ceux que du nom de galants[6] on baptise,
Ils ont en ce pays de quoi se contenter,
Car les femmes y sont faites à coqueter[7].
295 On trouve d'humeur douce et la brune et la blonde,
Et les maris aussi les plus bénins[8] du monde;
C'est un plaisir de prince, et des tours que je voi[9]
Je me donne souvent la comédie à moi.
Peut-être en avez-vous déjà féru[10] quelqu'une.
300 Vous est-il point encore arrivé de fortune[11]?
Les gens faits comme vous font plus que les écus,
Et vous êtes de taille à faire des cocus.

HORACE. — A ne vous rien cacher de la vérité pure,
J'ai d'amour en ces lieux eu certaine aventure,
305 Et l'amitié m'oblige à vous en faire part.

---

1. Fêter et bien traiter. — 2. Tout mon possible. — 3. *Il faut...* que je vous fasse reconnaissance de ma dette par un billet. — 4. Manière de procéder. — 5. Voir p. 52, n. 3. — 6. *Galant* est employé au XVIIe s. en bien des sens. Ici, le mot désigne ceux qui ont le goût des bonnes fortunes, des intrigues amoureuses. — 7. *Coqueter* : se livrer à un manège de coquetterie. — 8. Les plus indulgents. — 9. Voir p. 43, n. 1. — 10. *Féru*, participe de *férir* : frapper, blesser d'amour (dans le style burlesque ou comique). — 11. D'aventure galante.

ARNOLPHE, *à part.*

—  Bon! Voici de nouveau quelque conte gaillard [1],
Et ce sera de quoi mettre sur mes tablettes [2].

HORACE.  —  Mais, de grâce, qu'au moins ces choses soient secrètes.

ARNOLPHE.  —  Oh!

HORACE.  —  Vous n'ignorez pas qu'en ces occasions
310  Un secret éventé rompt nos prétentions.
Je vous avouerai donc avec pleine franchise
Qu'ici d'une beauté mon âme s'est éprise.
Mes petits soins d'abord [3] ont eu tant de succès [4]
Que je me suis chez elle ouvert un doux accès;
315  Et, sans trop me vanter ni lui faire une injure,
Mes affaires y sont en fort bonne posture.

ARNOLPHE, *riant.*

—  Et c'est?

HORACE, *lui montrant le logis d'Agnès.*

—  Un jeune objet [5] qui loge en ce logis
D'où vous voyez d'ici que les murs sont rougis [6],
Simple [7], à la vérité, par l'erreur sans seconde
320  D'un homme qui la cache au commerce [8] du monde,
Mais qui, dans l'ignorance où l'on veut l'asservir,
Fait briller des attraits capables de ravir;
Un air tout engageant, je ne sais quoi [9] de tendre,
Dont il n'est point de cœur qui se puisse défendre.
325  Mais peut-être il n'est pas que vous n'ayez bien vu [10]
Ce jeune astre d'amour de tant d'attraits pourvu :
C'est Agnès qu'on l'appelle.

ARNOLPHE, *à part.*

—  Ah! je crève [11]!

HORACE.  —  Pour l'homme
C'est, je crois, de la Zousse ou Souche qu'on le nomme :
Je ne me suis pas fort arrêté sur le nom;
330  Riche, à ce qu'on m'a dit, mais des plus sensés, non;
Et l'on m'en a parlé comme d'un ridicule.
Le connaissez-vous point [12]?

---

1. Jovialement leste. — 2. *Mettre quelque chose sur ses tablettes,* c'est en prendre bonne note. Au XVIIᵉ s., on appelait *tablettes* une sorte de petit livre à fermoir, comprenant cinq ou six feuilles de vélin, avec un almanach au bout, ordinairement relié de chagrin. Furetière remarque malicieusement dans son *Dictionnaire* (1690) que « la plupart des aventures de romans sont fondées sur des pertes de tablettes. » — 3. Dès l'abord. — 4. D'efficacité. — 5. *Objet* désigne, au XVIIᵉ s., la personne aimée. — 6. En briques rouges ou ornés de pampres rougissants? Nous sommes à la fin de l'été (cf. v. 463, 485, 665, 1147, 1477, 1626). — 7. *Simple* d'esprit. — 8. Relations, fréquentations. — 9. Voir p. 67, n. 3. — 10. N'avez-vous pas *bien vu.* — 11. Cri de douleur sourd. — 12. Ellipse usuelle de *ne* dans l'interrogation, voir p. 38, n. 13.

ARNOLPHE, *à part.*

—                                                              La fâcheuse pilule [1]!

HORACE.        —- Eh! vous ne dites mot?

ARNOLPHE.     —                          Eh! oui, je le connoi [2].

HORACE.        — C'est un fou, n'est-ce pas?

ARNOLPHE.     —                    Eh!...

HORACE.        —                          Qu'en dites-vous? quoi?
335 Eh! c'est-à-dire oui? Jaloux à faire rire?
Sot? Je vois qu'il en est ce que l'on m'a pu dire.
Enfin l'aimable Agnès a su m'assujettir.
C'est un joli bijou, pour ne vous point mentir,
Et ce serait péché qu'une beauté si rare
340 Fût laissée au pouvoir de cet homme bizarre [3].
Pour moi, tous mes efforts, tous mes vœux les plus
[doux
Vont à m'en rendre maître en dépit du jaloux [4];
Et l'argent que de vous j'emprunte avec franchise [5]
N'est que pour mettre à bout cette juste entreprise.

---

1. On dit *avaler la pilule* pour : se déterminer à une chose pénible, une pilule étant un médicament peu agréable à prendre. — 2. La prononciation du XVIIe s. *(oué)* fait rimer *connoi* et *quoi*. Sur l's de la première personne, voir p. 43, n. 1. — 3. Extravagant. — 4. Adjectif pris comme substantif; voir p, 42, n. 3. — 5. Librement, sans gêne.

● **Le comique** — Cette scène 4 tire sa valeur de l'art des sous-entendus et des préparations qui font monter Arnolphe au sommet de l'illusion, dans le rire et la gaieté, pour le précipiter ensuite dans le désenchantement, le dépit, le chagrin. Bâtie sur un quiproquo, créé par le double nom d'Arnolphe, elle comprend deux mouvements en sens contraire.

① Lesquels? Indiquez le point de démarcation de ce double mouvement.

② Rencontre d'Horace; lettre d'Oronte et geste généreux d'Arnolphe; ses gaudrioles et son invitation faite au jeune homme de raconter son aventure : quel élément nouveau chacun de ces épisodes apporte-t-il à l'exposition? Quel trait ajoute-t-il au portrait d'Arnolphe?

③ Qu'y a-t-il de comique dans la bonne humeur d'Arnolphe à la vue d'Horace? Peut-il soupçonner ce que lui réserve cette rencontre? On a parlé du réalisme de Molière : montrez le naturel de cette scène, d'une réalité si banale et comme prise sur le vif.

④ La générosité d'Arnolphe vous paraît-elle exempte de toute arrière-pensée? Ne joue-t-il pas un peu au grand seigneur, et sans grand risque?

⑤ Enfin de quoi Arnolphe est-il pressé de s'entretenir avec le jeune homme? Qu'y a-t-il de comique dans cet empressement à reprendre, devant Horace, la satire grivoise faite devant Chrysalde? Quel intérêt dramatique présente ce retour à sa marotte, au thème favori de sa malignité? Quelle nouvelle aventure va-t-il pouvoir « mettre sur ses tablettes »?

345 Vous savez mieux que moi, quels que soient nos efforts,
Que l'argent est la clef de tous les grands ressorts,
Et que ce doux métal qui frappe tant de têtes,
En amour, comme en guerre, avance les conquêtes.
Vous me semblez chagrin[1] : serait-ce qu'en effet
350 Vous désapprouveriez le dessein que j'ai fait?

ARNOLPHE. — Non, c'est que je songeais...

HORACE. —                                              Cet entretien vous lasse.
Adieu; j'irai chez vous tantôt vous rendre grâce[2].

ARNOLPHE, *se croyant seul.*
— Ah! faut-il...!

HORACE, *revenant.*
—                              Derechef, veuillez être discret,
Et n'allez pas, de grâce, éventer mon secret.
                    *(Il s'en va.)*

ARNOLPHE. -355 Que je sens dans mon âme...

HORACE, *revenant.*
                                              Et surtout à mon père,
Qui s'en ferait peut-être un sujet de colère.

ARNOLPHE, *croyant qu'il revient encore.*
— Oh!... *(Seul).*
                              Oh! que j'ai souffert durant cet entretien!
Jamais trouble d'esprit ne fut égal au mien.
Avec quelle imprudence et quelle hâte extrême
360 Il m'est venu conter cette affaire à moi-même!
Bien que mon autre nom le tienne dans l'erreur
Étourdi montra-t-il jamais tant de fureur[3]?
Mais, ayant tant souffert, je devais[4] me contraindre
Jusques à m'éclaircir de ce que je dois craindre,
365 A pousser jusqu'au bout son caquet[5] indiscret,
Et savoir pleinement leur commerce[6] secret.
Tâchons à le rejoindre; il n'est pas loin, je pense;
Tirons-en de ce fait[7] l'entière confidence.
Je tremble du malheur qui m'en peut arriver,
370 Et l'on cherche souvent plus qu'on ne veut trouver.

---

1. Attristé. — 2. Au sens latin : remercier. — 3. Tant d'entêtement passionné. — 4. J'aurais dû. Comme en latin, les verbes *devoir, pouvoir* s'employaient à l'indicatif avec le sens du conditionnel. — 5. Terme péjoratif. Pourquoi? — 6. Leurs relations. — 7. De cette affaire.

▪▪▪▪▪▪▪▪▪▪▪▪▪▪▪▪▪▪▪▪▪▪▪▪▪▪▪▪▪▪▪▪▪▪▪▪▪▪▪▪▪▪▪▪▪▪▪▪▪▪▪▪▪▪▪▪▪▪▪▪

● **Le comique** — Cette deuxième partie de la scène 4 déchaîne, au théâtre, un rire irrésistible; le quiproquo y déploie tous ses effets. Arnolphe s'apprêtait à écouter avec un appétit gourmand le récit d'Horace, et il s'aperçoit, à son grand dam, que ce récit le concerne : il est la ridicule victime de l'aventure qu'il s'entend raconter. Il s'étonne d'abord, s'alarme, puis s'assombrit et souffre du coup qu'il n'avait pas prévu, passant de la plus exubérante gaieté à l'ébahissement, à l'embarras, à une vraie douleur qu'il s'efforce vainement de dissimuler. Chaque révélation du jeune homme lui est un coup porté au cœur, et il ponctue son tourment, son dépit, d'une mimique expressive qui souligne l'effet produit par les paroles.

① Montrez la progression des sentiments d'Arnolphe au cours de ce récit. Comment vous imaginez-vous ses attitudes ? Comment sont-elles indiquées dans le texte ? Par quels procédés sont-elles rendues sensibles ?

② Pourquoi ne songeons-nous pas à plaindre Arnolphe ? En quoi la situation est-elle franchement comique et comment le comique, sans cesse accentué, est-il porté à son comble (v. 341-348) ?

● **Intérêt dramatique de cette scène**

③ Outre la duperie dont il est victime, qu'apprend Arnolphe ? Quel aspect d'Agnès, nouveau pour lui, lui est révélé ? Que s'entend-il dire sur lui-même ? Pourquoi répond-il *non* à la question posée au vers 350 ? Pouvait-il désavouer le projet d'Horace ? Qu'annoncent ses dernières déclarations (v. 363-370) ?

● **Les caractères** — Le sort d'Agnès est lié à Arnolphe. N'est-ce pas la raison pour laquelle Horace mêle au portrait d'Agnès celui d'Arnolphe ? Comment lui apparaît AGNÈS ? Dans le portrait qu'il trace d'elle, qu'y a-t-il d'un peu conventionnel dans les termes, de personnel dans le ton et l'accent ?

④ Comparez le portrait d'Agnès par Horace à celui que faisait d'elle Arnolphe devant Chrysalde (v. 125-164) ? Quelle conclusion peut-on tirer de cette comparaison ?

⑤ Quel nouveau trait la souffrance d'ARNOLPHE devant Horace ajoute-t-elle à la peinture de son caractère ?

⑥ Comment voyez-vous HORACE ? La fougue, l'allégresse de ce joyeux étourdi, son insouciance, sa spontanéité ne font-elles pas contraste avec les viles prétentions et les grossiers calculs d'Arnolphe ?

⑦ Commentez ce jugement de René Bray :

« La comédie est d'abord et toujours une *action*. L'immobilité l'anéantit, elle exige le mouvement ; la comédie cornélienne peint, la comédie moliéresque anime. Son dynamisme lui est fourni par la structure très simple qu'elle emprunte à la farce. »

● **Les jeux de scène** — Étudiez le dynamisme de cette scène : la mimique des deux personnages, leur contraste. Les allées et venues d'Horace à la fin paraissent dansées. Ces jeux de scène répondaient à la conception que Molière se faisait de la comédie : voir René Bray *op. cit.*, p. 258.

● **Bilan du premier acte** — Il y a eu mouvement, évolution, renversement des attitudes et de la situation. Par quelles étapes en sommes-nous venus là ? Les principaux personnages nous ont été présentés, l'intrigue est nouée, le défi lancé. Les jeux sont faits. Les pièces du dossier sont réunies. La lutte pour la défense des intérêts respectifs est engagée : nous voici jetés en pleine action.

Jean Meyer
(ARNOLPHE)

Danièle Ajoret
(AGNÈS)

Jacques Toja
(HORACE)

Jacques Toja
dans le rôle
d'HORACE

Mise en scène de
Jean Meyer
Comédie-Française
1959

▲ Georges Wilson
et
Christiane Desbois
T.N.P.

Palais de Chaillot
1958

◄ Pierre Dux
et
Huguette Hue
en costumes
modernes

Théâtre
de l'Œuvre
1962

# ACTE II

## Scène première. — ARNOLPHE.

ARNOLPHE.      — Il m'est, lorsque j'y pense, avantageux sans doute
         D'avoir perdu mes pas [1] et pu manquer sa route;
         Car enfin de mon cœur le trouble impérieux
         N'eût pu se renfermer tout entier à ses yeux :
375    Il eût fait éclater l'ennui [2] qui me dévore,
         Et je ne voudrais pas qu'il sût ce qu'il ignore.
         Mais je ne suis pas homme à gober le morceau [3]
         Et laisser un champ libre aux vœux du damoiseau [4];
         J'en veux rompre [5] le cours et, sans tarder, apprendre
380   Jusqu'où l'intelligence [6] entre eux a pu s'étendre.
         J'y prends, pour mon honneur, un notable intérêt :
         Je la regarde en femme, aux termes qu'elle en est [7];
         Elle n'a pu faillir sans me couvrir de honte,
         Et tout ce qu'elle a fait enfin est sur mon compte [8].
385   Éloignement fatal [9]! voyage malheureux!
               *(Frappant à la porte.)*

## Scène II. — ALAIN, GEORGETTE, ARNOLPHE.

ALAIN.      — Ah! Monsieur, cette fois...

ARNOLPHE.                     — Paix! Venez çà tous deux.
         Passez là, passez là. Venez là, venez, dis-je.

GEORGETTE.      — Ah! vous me faites peur, et tout mon sang se fige.

ARNOLPHE.      — C'est donc ainsi qu'absent [10] vous m'avez obéi,
390   Et tous deux, de concert, vous m'avez donc trahi?

GEORGETTE, *tombant aux genoux d'Arnolphe.*
         — Eh! ne me mangez pas, Monsieur, je vous conjure.

ALAIN, *à part.* — Quelque chien enragé l'a mordu, je m'assure [11].

---

1. Arnolphe n'a pu rejoindre Horace (voir le v. 367). — 2. Sens fort : tourment. — 3. Le langage d'Arnolphe est d'un pittoresque savoureux. *Gober le morceau,* c'est l'avaler tout cru. — 4. Voir p. 38, n. 7. — 5. Verbe simple au lieu du composé : interrompre. — 6. L'entente complice. Cf. *être d'intelligence :* être d'accord. — 7. Au point où elle en est, au point où en sont nos relations. — 8. M'est imputable : il ne fallait pas que je m'éloigne. — 9. Mot du langage tragique : funeste, voulu par mon mauvais destin. Ce vers exclamatif et pompeux, comiquement burlesque, parodie la tragédie. — 10. Pendant que j'étais absent. — 11. Je suis sûr.

ARNOLPHE, *à part.*

　　　　　— Ouf! Je ne puis parler, tant je suis prévenu[1].
　　　　　Je suffoque, et voudrais me pouvoir mettre nu.
　　　　　　　　　　*(A Alain et Georgette.)*
395　　Vous avez donc souffert, ô canaille maudite,
　　　　　Qu'un homme soit venu...
　　　　　　　　　　*(A Alain qui veut s'enfuir.)*
　　　　　　　　　　　　　Tu veux prendre la fuite?
　　　　　　　　　　*(A Georgette.)*
　　　　　Il faut que sur-le-champ... Si tu bouges... Je veux
　　　　　　　　　　*(A Alain)*
　　　　　Que vous me disiez... Euh!... Oui, je veux que tous
　　　　　　　　　　　　　　　　　　　　　　[deux...
　　　　*(Alain et Georgette se lèvent et veulent encore s'enfuir.)*
　　　　　Quiconque remûra, par la mort[2]! je l'assomme.
400　　Comme[3] est-ce que chez moi s'est introduit cet homme?
　　　　　Eh! parlez, dépêchez, vite, promptement, tôt,
　　　　　Sans rêver. Veut-on dire?

ALAIN ET GEORGETTE. —　　　　　　　Ah! Ah!

GEORGETTE.　—　　　　　　　　Le cœur me faut[4].

ALAIN, *retombant aux genoux d'Arnolphe.*
　　　　　— Je meurs.

ARNOLPHE, *à part.*

　　　　　—　　　Je suis en eau: prenons un peu d'haleine.
　　　　　Il faut que je m'évente et que je me promène.
405　　Aurais-je deviné, quand je l'ai vu petit,
　　　　　Qu'il croîtrait pour cela? Ciel! que mon cœur pâtit[5]!
　　　　　Je pense qu'il vaut mieux que de sa propre bouche
　　　　　Je tire avec douceur l'affaire qui me touche.
　　　　　Tâchons de modérer notre ressentiment.
410　　Patience, mon cœur, doucement, doucement[6]!
　　　　　　　　　　*(A Alain et Georgette.)*
　　　　　Levez-vous[7], et rentrant, faites qu'Agnès descende.
　　　　　　　　　　*(A part.)*
　　　　　Arrêtez. Sa surprise en deviendrait moins grande;
　　　　　Du chagrin[8] qui me trouble ils iraient l'avertir,
　　　　　Et moi-même je veux l'aller faire sortir.
　　　　　　　　　　*(A Alain et Georgette.)*
415　　Que l'on m'attende ici.

---

1. Préoccupé, irrité. — 2. Juron employé au xviie s. comme : tête bleu, ventrebleu, palsambleu (par la tête, par le ventre, par le sang de Dieu). — 3. Comment. — 4. Me manque (verbe *faillir*); je défaille. Georgette fait mine de s'évanouir. — 5. Souffre. — 6. Le rire des spectateurs souligne ce soupir élégiaque, parodie du style tragique. — 7. Durant la scène, Alain et Georgette tombent six ou sept fois aux genoux d'Arnolphe. — 8. Accès de colère, irritation.

SCÈNE III. — ALAIN, GEORGETTE.

GEORGETTE. — Mon Dieu! qu'il est terrible!
Ses regards m'ont fait peur, mais une peur horrible,
Et jamais je ne vis un plus hideux chrétien [1].

ALAIN. — Ce Monsieur l'a fâché : je te le disais bien.

GEORGETTE. — Mais que diantre [2] est-ce là, qu'avec tant de rudesse
[420] Il nous fait au logis garder notre maîtresse?
D'où vient qu'à tout le monde il veut tant la cacher,
Et qu'il ne saurait voir personne en approcher?

ALAIN. — C'est que cette action le met en jalousie.

GEORGETTE. — Mais d'où vient qu'il est pris de cette fantaisie [3]?

ALAIN. [425] Cela vient... cela vient de ce qu'il est jaloux.

GEORGETTE. — Oui; mais pourquoi l'est-il? et pourquoi ce courroux?

ALAIN. — C'est que la jalousie... entends-tu bien, Georgette,
Est une chose... là... qui fait qu'on s'inquiète...
Et qui chasse les gens d'autour d'une maison.
[430] Je m'en vais te bailler [4] une comparaison,
Afin de concevoir la chose davantage.
Dis-moi, n'est-il pas vrai, quand tu tiens ton potage,
Que si quelque affamé venait pour en manger,
Tu serais en colère, et voudrais le charger [5]?

GEORGETTE. [435] Oui, je comprends cela.

ALAIN. — C'est justement tout comme :
La femme est, en effet, le potage de l'homme [6];
Et quand un homme voit d'autres hommes parfois
Qui veulent dans sa soupe aller tremper leurs doigts,
Il en montre aussitôt une colère extrême.

GEORGETTE. [440] Oui; mais pourquoi chacun n'en fait-il pas de même,
Et que nous en voyons qui paraissent joyeux
Lorsque leurs femmes sont avec les biaux Monsieux [7]?

ALAIN. — C'est que chacun n'a pas cette amitié goulue
Qui n'en veut que pour soi.

---

1. *Un chrétien*, fréquent au XVIIe s. au sens de : un homme. — 2. Déformation populaire pour : diable. — 3. Imagination, lubie, caprice. — 4. Donner. En 1647, dans ses *Remarques*, Vaugelas observait que le terme avait vieilli et ne s'employait guère, sinon à la campagne. Alain parle comme Martine (*les Femmes savantes*, v. 426) et comme Lucas et Jacqueline (*le Médecin malgré lui*, éd. *Bordas*, l. 409, 472, 496...). — 5. L'attaquer. — 6. La comparaison se trouve dans Rabelais (*Tiers Livre*, XIII) : « Ma femme sera pudique et loyale... et ne séra corrival ce beau Jupin, et jà ne saucera son pain dans ma *soupe*. » — 7, *Messieurs* : prononciation paysanne.

GEORGETTE. —                 Si je n'ai la berlue [1],
445 Je le vois qui revient.

ALAIN. —               Tes yeux sont bons, c'est lui.

GEORGETTE. — Vois comme il est chagrin [2].

ALAIN. —                 C'est qu'il a de l'ennui [3].


SCÈNE IV. — ARNOLPHE, AGNÈS, ALAIN, GEORGETTE.

ARNOLPHE. — Un certain Grec [4] disait à l'empereur Auguste,
Comme une instruction utile autant que juste,
Que lorsqu'une aventure en colère nous met,
450 Nous devons, avant tout, dire notre alphabet,
Afin que dans ce temps la bile se tempère,
Et qu'on ne fasse rien que l'on ne doive faire.
J'ai suivi sa leçon sur le sujet d'Agnès,
Et je la fais venir en ce lieu tout exprès,
455 Sous prétexte d'y faire un tour de promenade [5],
Afin que les soupçons de mon esprit malade
Puissent sur le discours [6] la mettre adroitement,
Et lui sondant le cœur, s'éclaircir doucement.
Venez, Agnès. *(A Alain et Georgette.)*
Rentrez.

---

1. Expression du langage familier. Le mot vient du provençal *beluga*, étincelle. Le sens a passé d'éblouir (*belluor*, XIIIe s.) à : tromper. Cf. *éberlué* : ébahi, stupéfait. — 2. Triste, morose. — 3. Sens fort : tourment. — 4. Le philosophe Athenodorus. Anecdote empruntée à Plutarque *(Apophtegmes des rois et des généraux, César Auguste,* VII) que Molière connaissait sans doute par la traduction d'Amyot; à moins que ce ne soit un souvenir de Bernardino Pino *(les Injustes Dédains,* II, 6). — 5. Vers destinés à justifier l'unité de lieu. Arnolphe fait descendre Agnès, comme précédemment, dans le jardin où il la questionnera. — 6. Le sujet qui doit être celui de leur entretien.

- **Scènes 3 et 4** — On y étudiera : *a)* la construction symétrique; *b)* la peinture des mœurs (cf. *les Femmes sav.,* v. 425 et *le Misanthrope,* v. 939-940); *c)* les mouvements de farce et la *vis comica,* qu'il s'agisse du jeu extérieur des personnages ou de la violence intérieure des sentiments, dans la sc. 3 notamment où il y a bagarre sur les planches et bousculade dans le cœur d'Arnolphe autant que sur la scène.

- **Quand les valets philosophent** — On a tiqué au *potage* (v. 436) plus encore qu'à la *tarte à la crème* (v. 99). Cette image est-elle déplacée dans la bouche d'un paysan naïf et rustaud? N'est-elle pas au surplus accordée à la conception ménagère qu'Arnolphe, comme Chrysalde, se fait de la femme?

① Comparez Alain et Georgette à ces autres campagnards que sont Pierrot et Charlotte dans *Dom Juan* et Martine dans *les Femmes savantes.*

SCÈNE V. — ARNOLPHE, AGNÈS.

ARNOLPHE. — La promenade est belle.

AGNÈS. -[460] Fort belle.

ARNOLPHE. — Le beau jour!

AGNÈS. — Fort beau.

ARNOLPHE. — Quelle nouvelle?

AGNÈS. — Le petit chat est mort [1].

ARNOLPHE. — C'est dommage; mais quoi?
Nous sommes tous mortels, et chacun est pour soi.
Lorsque j'étais aux champs, n'a-t-il point fait de pluie?

AGNÈS. — Non.

ARNOLPHE. — Vous ennuyait-il [2]?

AGNÈS. — Jamais je ne m'ennuie.

ARNOLPHE. -[465] Qu'avez-vous fait encor ces neuf ou dix jours-ci?

AGNÈS. — Six chemises, je pense, et six coiffes aussi [3].

ARNOLPHE, *ayant un peu rêvé.*
— Le monde, chère Agnès, est une étrange chose.
Voyez la médisance, et comme chacun cause :
Quelques voisins m'ont dit qu'un jeune homme [inconnu
[470] Était en mon absence à la maison venu,
Que vous aviez souffert sa vue et ses harangues;
Mais je n'ai point pris foi sur ces méchantes langues,
Et j'ai voulu gager que c'était faussement...

AGNÈS. — Mon Dieu, ne gagez pas : vous perdriez vraiment.

ARNOLPHE. -[475] Quoi! c'est la vérité qu'un homme...?

AGNÈS. — Chose sûre.
Il n'a presque bougé de chez nous, je vous jure.

ARNOLPHE, *à part.*
— Cet aveu qu'elle fait avec sincérité
Me marque pour le moins son ingénuité.
*(Haut.)*
Mais il me semble, Agnès, si ma mémoire est bonne,
[480] Que j'avais défendu que vous vissiez personne.

---

1. C'est un événement dans une vie monotone. Il s'est pourtant passé quelque chose de plus intéressant, dont Agnès ne dit rien. — 2. Cet emploi neutre et impersonnel est conforme à l'étymologie de ennui *(in odio)* et signifie : l'ennui était-il en vous? Cf. les impersonnels latins *me paenitet, me taedet.* — 3. Voir p. 50, n. 7.

| | |
|---|---|
| AGNÈS. | — Oui; mais quand je l'ai vu, vous ignoriez pourquoi; |
| | Et vous en auriez fait, sans doute, autant que moi. |
| ARNOLPHE. | — Peut-être; mais enfin contez-moi cette histoire. |
| AGNÈS. | — Elle est fort étonnante, et difficile à croire. |

485 J'étais sur le balcon à travailler au frais [1],
Lorsque je vis passer sous les arbres d'auprès
Un jeune homme bien fait, qui, rencontrant ma vue,
D'une humble révérence aussitôt me salue :
Moi, pour ne point manquer à la civilité,
490 Je fis la révérence aussi de mon côté.
Soudain il me refait une autre révérence :
Moi, j'en refais de même une autre en diligence;
Et lui d'une troisième aussitôt repartant,
D'une troisième aussi j'y repars [2] à l'instant.
495 Il passe, vient, repasse, et toujours de plus belle
Me fait à chaque fois révérence nouvelle;
Et moi, qui tous ces tours fixement [3] regardais,
Nouvelle révérence aussi je lui rendais :
Tant que, si sur ce point la nuit ne fût venue,
500 Toujours comme cela je me serais tenue,
Ne voulant point céder, et recevoir l'ennui [4]
Qu'il me pût estimer moins civile que lui [5].

| | |
|---|---|
| ARNOLPHE. | — Fort bien. |
| AGNÈS. | —           Le lendemain, étant sur notre porte, |

Une vieille [6] m'aborde, en parlant de la sorte :
505 « Mon enfant, le bon Dieu puisse-t-il vous bénir,
Et dans tous vos attraits longtemps vous maintenir!
Il ne vous a pas faite une belle personne
Afin de mal user des choses qu'il vous donne;
Et vous devez savoir que vous avez blessé
510 Un cœur qui de s'en plaindre est aujourd'hui forcé. »

ARNOLPHE, *à part.*

— Ah! suppôt de Satan [7]! exécrable damnée!

AGNÈS. — « Moi, j'ai blessé quelqu'un! fis-je toute étonnée.
— Oui, dit-elle, blessé, mais blessé tout de bon;
Et c'est l'homme qu'hier vous vîtes au balcon.

---

1. Détail nécessaire pour la vraisemblance et l'unité de lieu. — 2. J'y réponds. *Y :* à lui. — 3. Charme de la candeur : Agnès ne songea même pas à baisser les yeux. — 4. Le déplaisir. — 5. Boileau parle de la « charmante naïveté » d'Agnès. — 6. Personnage classique de l'entremetteuse. Molière s'inspire ici de Régnier *(Satire XIII)* et de *la Précaution inutile* de Scarron. La Macette de Régnier dit, comme ici : « Ma fille, Dieu vous garde et vous veuille bénir »; l'entremetteuse de Scarron reproche à Laure d'avoir laissé son amant à demi-mort : « Et pourquoi? s'écria Laure toute effrayée.— C'est vous qui l'avez tué, lui dit la bonne vieille. » — 7. *Suppôt* (lat. *suppositus*) : dévoué à, à la disposition de. Se dit en mauvaise part de celui ou de celle qui sert les mauvais desseins d'un autre.

⁵¹⁵ — Hélas! qui ¹ pourrait, dis-je, en avoir été cause?
Sur lui, sans y penser, fis-je choir quelque chose?
— Non, dit-elle, vos yeux ont fait ce coup fatal,
Et c'est de leurs regards qu'est venu tout son mal ².
— Hé! mon Dieu! ma surprise est, fis-je, sans seconde :
⁵²⁰ Mes yeux ont-ils du mal, pour en donner au monde?
— Oui, fit-elle, vos yeux, pour causer le trépas,
Ma fille, ont un venin que vous ne savez pas.
En un mot, il languit, le pauvre misérable;
Et s'il faut ³, poursuivit la vieille charitable,
⁵²⁵ Que votre cruauté lui refuse un secours,
C'est un homme à porter en terre dans deux jours.
— Mon Dieu! j'en aurais, dis-je, une douleur bien
[grande.
Mais pour le secourir qu'est-ce qu'il me demande?
— Mon enfant, me dit-elle, il ne veut obtenir
⁵³⁰ Que le bien de vous voir et vous entretenir;
Vos yeux peuvent, eux seuls, empêcher sa ruine ⁴,
Et du mal qu'ils ont fait être la médecine.
— Hélas! volontiers, dis-je, et puisqu'il est ainsi,
Il peut, tant qu'il voudra, me venir voir ici. »

ARNOLPHE, *à part.*

⁵³⁵ Ah! sorcière maudite, empoisonneuse d'âmes,
Puisse l'enfer payer tes charitables trames ⁵!

AGNÈS.        — Voilà comme il me vit et reçut guérison.
Vous-même, à votre avis, n'ai-je pas eu raison?
Et pouvais-je, après tout, avoir la conscience
⁵⁴⁰ De le laisser mourir faute d'une assistance,
Moi qui compatis tant aux gens qu'on fait souffrir
Et ne puis, sans pleurer, voir un poulet mourir ⁶?

ARNOLPHE, *bas, à part.*

— Tout cela n'est parti que d'une âme innocente,
Et j'en dois accuser mon absence imprudente,
⁵⁴⁵ Qui sans guide a laissé cette bonté de mœurs
Exposée aux aguets ⁷ des rusés séducteurs.
Je crains que le pendard, dans ses vœux téméraires,
Un peu plus fort que jeu n'ait poussé les affaires.

AGNÈS.        — Qu'avez-vous? Vous grondez, ce me semble, un petit ⁸?
⁵⁵⁰ Est-ce que c'est mal fait ce que je vous ai dit?

---

1. Qu'est-ce qui? Se disait en parlant des choses dans une interrogation directe. — 2. Cf. Régnier *Sat.* XIII : « Et les traits de vos yeux haut et bas élancés, — Belle, ne voyent pas tous ceux que vous blessez. » — 3. S'il arrive. — 4. Sa perte, sa mort. — 5. Intrigues, machinations. — 6. Ainsi la sensibilité d'Agnès s'éveille dans la compassion : compassion pour le petit chat, dont la mort a laissé Arnolphe tellement indifférent, compassion pour le jeune blondin.... — 7. Aux pièges. — 8. Un peu. Cf. en anglais : *a little.*

ARNOLPHE. — Non. Mais de cette vue apprenez-moi les suites,
Et comme le jeune homme a passé ses visites.

AGNÈS. — Hélas! si vous saviez comme il était ravi,
Comme il perdit son mal sitôt que je le vi [1],
555 Le présent qu'il m'a fait d'une belle cassette,
Et l'argent qu'en ont eu notre Alain et Georgette [2],
Vous l'aimeriez sans doute et diriez comme nous...

ARNOLPHE. — Oui, mais que faisait-il étant seul avec vous?

AGNÈS. — Il jurait qu'il m'aimait d'une amour sans seconde,
560 Et me disait des mots les plus gentils du monde,
Des choses que jamais rien ne peut égaler,
Et dont, toutes les fois que je l'entends parler,
La douceur me chatouille et là dedans remue
Certain je ne sais quoi dont je suis toute émue [3].

ARNOLPHE, *à part.*
565 O fâcheux examen d'un mystère fatal,
Où l'examinateur souffre seul tout le mal!
                    (*A Agnès.*)
Outre tous ces discours, toutes ces gentillesses,
Ne vous faisait-il point aussi quelques caresses?

AGNÈS. — Oh tant! Il me prenait et les mains et les bras,
570 Et de me les baiser il n'était jamais las.

---

1. Licence orthographique conforme à l'étymologie. — 2. Voilà à quoi a servi l'argent prêté par Arnolphe. — 3. On trouvera, sur l'emploi fréquent du *je ne sais quoi* dans la langue classique, une étude intéressante de Pierre-Henri Simon dans son livre *le Jardin et la Ville*, 1962. Cette expression indéterminée exprime ce qu'il y a d'irrationnel et de mystérieux dans l'amour, et c'est pourquoi ce sont, dit M. P.-H. Simon, les poètes et romanciers qui touchent à l'amour qui en usent le plus habituellement. Ce *je ne sais quoi* est donc de grande importance, et Arnolphe se trompe fort, qui croit que l'amour puisse être le résultat d'une longue précaution despotique.

■■■■■■■■■■■■■■■■■■■■■■■■■■■■■■■■■■■■■■■■■■■■■■■■■■■■■■■■■■■■■■■■■

● **L'interrogatoire d'Arnolphe, la confession d'Agnès**
① Étudiez la conduite de la scène : les préliminaires, l'aveu, le récit d'Agnès en deux temps.

● **Intérêt dramatique** — Le récit d'Agnès fait pendant à celui d'Horace (I, 4) : le confesseur d'Agnès, comme précédemment le confident d'Horace, encaisse les coups sans rien dire. Nous rions.
② Pourquoi et de quoi rions-nous?

● **L'entremetteuse dans le théâtre de Molière** — Molière s'est inspiré de la *Macette* de Régnier (*Sat.* XIII), ici comme dans *l'Avare*.
③ Comparez l'entremetteuse de *l'École des femmes* et la Frosine de *l'Avare*, rapprochez son langage du langage de Tartuffe, dans la scène de séduction où, comme ici, Tartuffe mêle au style de la dévotion celui de la galanterie et des insinuations perverses. Le discours de l'entremetteuse aura pour pendant et contrepoids le sermon d'Arnolphe sur le mariage (III, 2).

■■■■■■■■■■■■■■■■■■■■■■■■■■■■■■■■■■■■■■■■■■■■■■■■■■■■■■■■■■■■■■■■■

ARNOLPHE.   — Ne vous a-t-il point pris, Agnès, quelque autre chose ?
                    *(La voyant interdite.)*
        Ouf !

AGNÈS.   —     Hé ! il m'a...

ARNOLPHE.   —         Quoi ?

AGNÈS.   —             Pris...

ARNOLPHE.   —                 Euh !

AGNÈS.   —                     Le...

ARNOLPHE.   —                       Plaît-il ?

AGNÈS.   —                           Je n'ose,
Et vous vous fâcherez peut-être contre moi.

ARNOLPHE.   — Non.

AGNÈS.   —     Si fait.

ARNOLPHE.   —         Mon Dieu, non !

AGNÈS.   —                 Jurez donc votre foi.

ARNOLPHE.  -575 Ma foi, soit.

AGNÈS.   —         Il m'a pris... Vous serez en colère.

ARNOLPHE.   — Non.

AGNÈS.   —     Si.

ARNOLPHE.   —         Non, non, non, non ! Diantre[1] ! que de mystère !
Qu'est-ce qu'il vous a pris ?

AGNÈS.   —                 Il...

ARNOLPHE, *à part.* —               Je souffre en damné.

AGNÈS.   — Il m'a pris le ruban que vous m'aviez donné.
A vous dire le vrai, je n'ai pu m'en défendre.

ARNOLPHE, *reprenant haleine.*
  -580 Passe pour le ruban. Mais je voulais apprendre
S'il ne vous a rien fait que vous baiser les bras.

AGNÈS.   — Comment ? est-ce qu'on fait d'autres choses ?

ARNOLPHE.   —                          Non pas.
Mais pour guérir du mal qu'il dit qui[2] le possède,
N'a-t-il point exigé de vous d'autre remède ?

AGNÈS.   -585 Non. Vous pouvez juger, s'il en eût demandé,
Que pour le secourir j'aurais tout accordé.

---

1. Voir p. 62, n. 2. — 2. Tour archaïque : *du mal qui*, dit-il, *le possède.*

ARNOLPHE, *bas, à part.*
> — Grâce aux bontés du Ciel, j'en suis quitte à bon compte.
> Si j'y retombe plus [1], je veux bien qu'on m'affronte [2].
> Chut [3]!
> *(Haut.)*
> De votre innocence, Agnès, c'est un effet.
> 590 Je ne vous en dis mot : ce qui s'est fait est fait.
> Je sais qu'en vous flattant le galant ne désire
> Que de vous abuser, et puis après s'en rire.

AGNÈS.
> — Oh! point : il me l'a dit plus de vingt fois à moi.

ARNOLPHE.
> — Ah! vous ne savez pas ce que c'est que sa foi.
> 595 Mais enfin apprenez qu'accepter des cassettes
> Et de ces beaux blondins [4] écouter les sornettes [5],
> Que se laisser par eux, à force de langueur [6],
> Baiser ainsi les mains et chatouiller le cœur,
> Est un péché mortel des plus gros qu'il se fasse [7].

AGNÈS.
> 600 Un péché, dites-vous? Et la raison, de grâce?

ARNOLPHE.
> — La raison? La raison est l'arrêt prononcé
> Que par ces actions le Ciel est courroucé.

AGNÈS.
> — Courroucé! Mais pourquoi faut-il qu'il s'en courrouce?
> C'est une chose, hélas! si plaisante et si douce!
> 605 J'admire quelle joie on goûte à tout cela,
> Et je ne savais point encor ces choses-là.

ARNOLPHE.
> — Oui, c'est un grand plaisir que toutes ces tendresses,
> Ces propos si gentils et ces douces caresses;
> Mais il faut le goûter en toute honnêteté,
> 610 Et qu'en se mariant le crime en soit ôté.

AGNÈS.
> — N'est-ce plus un péché lorsque l'on se marie?

ARNOLPHE.
> — Non.

AGNÈS.
> Mariez [8]-moi donc promptement, je vous prie.

ARNOLPHE.
> — Si vous le souhaitez, je le souhaite aussi,
> Et pour vous marier on me revoit ici.

---

1. Dorénavant, désormais. — 2. Qu'on me trompe effrontément. Un *affronteur*, au XVIIe s., était un imposteur, et une *affronterie* une tromperie, une escroquerie. — 3. Arnolphe se parle à lui-même. — 4. « Jeune homme à cheveux blonds, galant à perruque blonde » (*Dict.* de Richelet, 1680). Les cheveux blonds étaient à la mode, parce que, selon Furetière, « en France on tient le poil blond pour le plus beau ». De là le nom de *blondin* donné à tout galant qui se fiait « au mérite éclatant de sa perruque blonde » (*Misanth.* v. 482). Ce qui n'empêche pas La Rochefoucauld d'écrire, dans son *Portrait* par lui-même : « J'ai les cheveux *noirs* naturellement frisés, et avec cela assez épais et assez longs pour pouvoir prétendre en belle tête. » — 5. Bagatelles, contes en l'air. Diminutif de l'ancien français *sorne : contes qui se font aux veillées. Débiter des sornettes*, c'est conter des balivernes. — 6. Terme du langage amoureux, dont Agnès ne doit pas bien comprendre le sens ; allusion à la tactique d'Horace, qui languit et soupire et que la vue et l'entretien d'Agnès ont guéri. Cf. v. 554 : *Comme il perdit son mal sitôt que je le vi.* — 7. Voilà Arnolphe habillé en directeur de conscience et catéchiste. — 8. Trois syllabes.

| | | |
|---|---|---|
| AGNÈS. | -615 Est-il possible ? | |
| ARNOLPHE. | — Oui. | |
| AGNÈS. | — Que vous me ferez aise ! | |
| ARNOLPHE. | — Oui, je ne doute point que l'hymen ne vous plaise. | |
| AGNÈS. | — Vous nous voulez, nous deux [1]... | |
| ARNOLPHE. | — Rien de plus assuré. | |
| AGNÈS. | — Que, si cela se fait, je vous caresserai [2] ! | |
| ARNOLPHE. | — Hé ! la chose sera de ma part réciproque. | |
| AGNÈS. | -620 Je ne reconnais point, pour moi, quand on se moque. | |

Parlez-vous tout de bon ?

| | | |
|---|---|---|
| ARNOLPHE. | — Oui, vous le pourrez voir. | |
| AGNÈS. | — Nous serons mariés ? | |
| ARNOLPHE. | — Oui. | |
| AGNÈS. | — Mais quand ? | |
| ARNOLPHE. | — Dès ce soir. | |
| AGNÈS, *riant.* | — Dès ce soir ? | |
| ARNOLPHE. | — Dès ce soir. Cela vous fait donc rire ? | |
| AGNÈS. | — Oui. | |
| ARNOLPHE. | — Vous voir bien contente est ce que je désire. | |
| AGNÈS. | -625 Hélas ! que je vous ai grande obligation ! | |

Et qu'avec lui [3] j'aurai de satisfaction !

| | | |
|---|---|---|
| ARNOLPHE. | — Avec qui ? | |
| AGNÈS. | — Avec..., là [4]. | |
| ARNOLPHE. | — Là..., là n'est pas mon compte. | |

A choisir un mari vous êtes un peu prompte.
C'est un autre, en un mot, que je vous tiens tout prêt ;
630 Et quant au Monsieur Là, je prétends, s'il vous plaît,
Dût le mettre au tombeau le mal dont il vous berce,
Qu'avec lui désormais vous rompiez tout commerce ;
Que, venant au logis [5], pour votre compliment [6]
Vous lui fermiez au nez la porte honnêtement,
635 Et lui jetant, s'il heurte, un grès [7] par la fenêtre,
L'obligiez tout de bon à ne plus y paraître.
M'entendez-vous, Agnès ? Moi, caché dans un coin,
De votre procédé je serai le témoin [8].

---

1. L'expression vague laisse la porte ouverte au quiproquo. — 2. Au xviie s., le mot, outre le sens actuel, signifiait : montrer de la sympathie pour quelqu'un, dans ses propos et dans ses actes. Agnès veut simplement dire : je vous en serai reconnaissante. Mais Molière joue sur le double sens du mot. — 3. Horace. — 4. Agnès, tout interdite par le malentendu et la mine d'Arnolphe, ne sait plus que dire. — 5. S'il vient au logis. — 6. En guise de compliment. — 7. Un caillou. — 8. Arnolphe, monté sur ses grands chevaux, se hausse au ton de la tragédie : on croirait entendre Néron menaçant Junie : « Caché près de ces lieux, je vous verrai, Madame[...] J'entendrai des regards que vous croirez muets » (*Britannicus*, v. 679 et 682).

| | |
|---|---|
| AGNÈS. | — Las! il est si bien fait! C'est... |
| ARNOLPHE. | —                                   Ah! que de langage! |
| AGNÈS. | -640 Je n'aurai pas le cœur... |
| ARNOLPHE. | —                        Point de bruit [1] davantage. Montez là-haut. |
| AGNÈS. | —               Mais quoi! voulez-vous...? |
| ARNOLPHE. | —                                      C'est assez. Je suis maître, je parle : allez, obéissez [2]. |

---

1. Discussion.    2. Ce vers est la reproduction textuelle d'une réplique de Pompée dans le *Sertorius* de Corneille (V, 6, v. 1867-68) qui avait été représenté au Marais, le 25 février 1662. Parodie plaisante, bien dans le ton, mais qui vexa, dit-on, le grand Corneille.

- **L'aparté d'Arnolphe** (v. 587-589)
  ① Pivot de la scène, que nous apprend-il?
- **Le « ramage » d'Horace** — Maurice Donnay (*Molière*, p. 121) : « A côté d'Arnolphe, triste oiseau en ses vêtements sombres, Horace est l'oiseau du paradis. Il n'a pas seulement le plumage, il a le ramage ».
  ② Sur quel ton, de quel accent Agnès répète-t-elle ses paroles? Dans quel sentiment Arnolphe écoute-t-il cette déclaration?
- **L'équivoque** — On a clabaudé sur les vers 571-578, on a crié au scandale. Il n'y a là qu'un procédé de farce. Le jeu d'Agnès n'est qu'une nécessité théâtrale, destinée à faire rire de la stupidité d'Arnolphe. C'est lui qui, par ses questions, sa mine, terrorise Agnès, l'empêche de répondre, et fait durer le suspens. C'est lui le responsable de l'équivoque, qui est bien dans son genre et dans son caractère. La scène, dont personne aujourd'hui ne pense à s'offusquer, est franchement gaie; toute la salle ne pense qu'à rire. Voir *la Critique*..., éd. Bordas, p. 51.
- **Le catéchisme d'Arnolphe** — Arnolphe parle de péché, du Ciel.
  ③ Est-il bien qualifié pour parler au nom du Ciel? A quel usage fait-il servir la religion? Ne défigure-t-il pas la doctrine au nom de laquelle il prétend parler, et cette façon de présenter le mariage chrétien n'est-elle pas abusive?
- **Le quiproquo sur le « nous deux »** (v. 617) — Joie d'Agnès, mais fausse joie : Agnès déchante, veut discuter, Arnolphe parle en maître : plus de conseils, un ordre! Emphase et parodie comiques. Le mot impérieux qu'il emprunte à Pompée (v. 642) souligne son impuissance et déclenche l'hilarité.
- **Bilan du deuxième acte** — Arnolphe, partout perdant mais non résigné à sa défaite, cherche à se regonfler dans une attitude de combat et de vaine défense.

2 Ph. © Bernand - Photeb

Claude Piéplu
et
B. Le Saché

au Festival
du Marais
1972

Georges Wilson
et
Yves Gasc
T.N.P.

Palais de Chaillot
1958

## ACTE III

SCÈNE PREMIÈRE. — ARNOLPHE, AGNÈS, ALAIN, GEORGETTE.

ARNOLPHE.        — Oui, tout a bien été, ma joie est sans pareille :
                Vous avez là suivi mes ordres à merveille,
        645     Confondu de tout point le blondin séducteur,
                Et voilà de quoi sert un sage directeur.
                Votre innocence, Agnès, avait été surprise.
                Voyez sans y penser où vous vous étiez mise :
                Vous enfiliez tout droit, sans mon instruction,
        650     Le grand chemin d'enfer et de perdition.
                De tous ces damoiseaux on sait trop les coutumes!
                Ils ont de beaux canons [1], force rubans et plumes,
                Grands cheveux, belles dents, et des propos fort doux;
                Mais, comme je vous dis, la griffe est là-dessous [2],
        655     Et ce sont vrais Satans, dont la gueule altérée
                De l'honneur féminin cherche à faire curée [3].
                Mais, encore une fois, grâce au soin apporté,
                Vous en êtes sortie avec honnêteté.
                L'air dont je vous ai vu lui jeter cette pierre,
        660     Qui de tous ses desseins a mis l'espoir par terre,
                Me confirme encor mieux à ne point différer
                Les noces où je dis qu'il vous faut préparer.
                Mais, avant toute chose, il est bon de vous faire
                Quelque petit discours qui vous soit salutaire.
        665     Un siège au frais ici.
                            (A Georgette et à Alain.)
                                    Vous, si jamais en rien...

GEORGETTE.       — De toutes vos leçons nous nous souviendrons bien.
                Cet autre Monsieur-là nous en faisait accroire;
                Mais...

---

1. Ornement de toile, souvent garni de dentelles, qui s'attachait à la culotte, au-dessous du genou, et descendait jusqu'à mi-jambe. Dans *les Lois de la galanterie* (1644), on lit : « Quant aux canons de linge, nous les approuvons bien dans leur simplicité, quand ils sont fort larges et de toile batiste bien empesée [...] Afin de les orner davantage, nous voulons aussi que d'ordinaire il y ait double et triple rang de toile, soit de batiste, soit de Hollande, et d'ailleurs cela sera encore mieux s'il peut y avoir deux ou trois rangs de points de Gênes, ce qui accompagnera le jabot qui sera de même parure. » — 2. L'image évoque à la fois le chat qui fait patte de velours, et les griffes du diable. — 3. La verve d'Arnolphe sermonneur est déclenchée et les images se succèdent. La dernière évoque une idée de chasse plus cruelle que galante.

HORACE *lit - Je veux vous écrire...* (III, 4, l. 948)
Raymond Acquiva (HORACE) et Pierre Dux (ARNOLPHE)
Comédie-Française 1973

ALAIN. — S'il entre jamais, je veux jamais ne boire.
Aussi bien est-ce un sot : il nous a, l'autre fois,
670 Donné deux écus d'or qui n'étaient pas de poids [1].

ARNOLPHE. — Ayez donc pour souper tout ce que je désire;
Et pour notre contrat, comme je viens de dire,
Faites venir ici, l'un ou l'autre, au retour,
Le notaire qui loge au coin de ce carfour [2].

## Scène II. — ARNOLPHE, AGNÈS.

ARNOLPHE, *assis.*
675 Agnès, pour m'écouter, laissez là votre ouvrage.
Levez un peu la tête et tournez le visage;
*(Mettant le doigt sur son front.)*
Là, regardez-moi là durant cet entretien,
Et jusqu'au moindre mot imprimez-le vous bien [3].
Je vous épouse, Agnès; et cent fois la journée
680 Vous devez bénir l'heur de votre destinée,
Contempler la bassesse [4] où vous avez été,
Et dans le même temps admirer ma bonté,
Qui de ce vil [5] état de pauvre villageoise
Vous fait monter au rang d'honorable bourgeoise
685 Et jouir de la couche et des embrassements
D'un homme qui fuyait tous ces engagements [6],
Et dont à vingt partis, fort capables de plaire,
Le cœur a refusé l'honneur qu'il vous veut faire.
Vous devez toujours, dis-je, avoir devant les yeux
690 Le peu que vous étiez sans ce nœud [7] glorieux,
Afin que cet objet [8] d'autant mieux vous instruise
A mériter l'état où je vous aurai mise,
A toujours vous connaître, et faire qu'à jamais
Je puisse me louer de l'acte que je fais.
695 Le mariage, Agnès, n'est pas un badinage :
A d'austères devoirs le rang de femme engage,
Et vous n'y montez pas, à ce que je prétends,

---

1. Alain, de sens pratique et intéressé, a pesé les écus car les monnaies d'or étaient souvent rognées par fraude. — 2. Carrefour. On utilisait les deux orthographes. La forme trissyllabe était préférable. Molière l'a employée au v. 72. — 3. Don Pèdre, dans *la Précaution inutile* de Scarron, tient les mêmes propos le soir de ses noces. L'imitation ne paraît pas douteuse. — 4. La condition sociale inférieure. — 5. Du lat. *vilis* : bas, roturier. Cf. *vilain.* — 6. Ces occasions d'engager sa foi dans un mariage. — 7. *Nœud* : Le mariage qu'il veut nouer avec elle. Cf. les *liens* du mariage. — 8. Sens étymologique *(objectum)* : ce qui est placé devant les yeux, devant l'esprit.

Pour être libertine [1] et prendre du bon temps.
Votre sexe n'est là que pour la dépendance :
700 Du côté de la barbe est la toute-puissance.
Bien qu'on soit deux moitiés de la société,
Ces deux moitiés pourtant n'ont point d'égalité :
L'une est moitié suprême, et l'autre subalterne;
L'une en tout est soumise à l'autre qui gouverne;
705 Et ce que le soldat, dans son devoir instruit,
Montre d'obéissance au chef qui le conduit,
Le valet à son maître, un enfant à son père,
A son supérieur le moindre petit Frère [2],
N'approche point encor de la docilité,
710 Et de l'obéissance, et de l'humilité,
Et du profond respect où la femme doit être ⋅
Pour son mari, son chef, son seigneur et son maître.
Lorsqu'il jette sur elle un regard sérieux,
Son devoir aussitôt est de baisser les yeux,
715 Et de n'oser jamais le regarder en face
Que quand d'un doux regard il lui veut faire grâce.
C'est ce qu'entendent mal les femmes d'aujourd'hui;
Mais ne vous gâtez pas sur l'exemple d'autrui.
Gardez-vous d'imiter ces coquettes vilaines [3]
720 Dont par toute la ville on chante les fredaines,
Et de vous laisser prendre aux assauts du malin [4],
C'est-à-dire d'ouïr aucun jeune blondin [5].
Songez qu'en vous faisant moitié de ma personne,
C'est mon honneur, Agnès, que je vous abandonne;
725 Que cet honneur est tendre et se blesse de peu;
Que sur un tel sujet il ne faut point de jeu;
Et qu'il est aux enfers des chaudières bouillantes
Où l'on plonge à jamais les femmes mal vivantes [6].
Ce que je vous dis là ne sont pas des chansons [7],
730 Et vous devez du cœur dévorer ces leçons.
Si votre âme les suit, et fuit d'être coquette,
Elle sera toujours, comme un lis, blanche et nette;
Mais s'il faut [8] qu'à l'honneur elle fasse un faux bond [9],
Elle deviendra lors noire comme un charbon;

---

1. Déréglée dans sa conduite. — 2. Le novice ou le frère convers employé aux services domestiques d'un couvent. — 3. Infâmes, avilies. *La coquette* est plus maniérée et plus entreprenante que *la galante;* c'est du moins ce qui semble ressortir de cette gradation proposée par Molière lui-même : « De vous dire que cette fille-là mène une vie déshonnête, cela serait un peu trop fort; cherchons pour nous expliquer quelques termes plus doux. Le mot de *galante* aussi n'est pas assez; celui de *coquette* achevée me semble propre pour ce que nous voulons, et je m'en puis servir pour dire honnêtement ce qu'elle est. » (*M. de Pourceaugnac*, II, 4). — 4. Le diable. — 5. Voir p. 69, n. 4. — 6. De mauvaise vie. Au XVIIe s., le participe s'accordait comme l'adjectif. — 7. Remarquer l'accord du verbe avec l'attribut. — 8. S'il arrive. — 9. Une atteinte.

735 Vous paraîtrez à tous un objet effroyable,
Et vous irez un jour, vrai partage du diable [1],
Bouillir dans les enfers à toute éternité,
Dont [2] vous veuille garder la céleste bonté !
Faites la révérence. Ainsi qu'une novice
740 Par cœur dans le convent [3] doit savoir son office [4]
Entrant au mariage il en faut faire autant ;
*(Il se lève.)*
Et voici dans ma poche un écrit important
Qui vous enseignera l'office de la femme [5].
J'en ignore l'auteur, mais c'est quelque bonne âme,
745 Et je veux que ce soit votre unique entretien.
Tenez. Voyons un peu si vous le lirez bien.

---

1. Vraie proie du diable. — 2. Relatif de liaison : et de cela. — 3. Orthographe usuelle alors pour *couvent*; voir le v. 135. — 4. Livre de prières. — 5. Les devoirs *de la femme* mariée. Molière joue sur le mot (voir le v. 740).

- **L'entracte dans la dramaturgie classique** — Nous avions laissé un Arnolphe violent, autoritaire, en bataille. Nous le retrouvons au lever du rideau, détendu et joyeux : *Oui, tout a bien été.* Ce *oui* indique qu'il poursuit avec Agnès une conversation commencée.
  ① Que s'est-il donc passé pendant l'entracte ? Et, à ce propos, que savez-vous sur le rôle de l'entracte dans le théâtre classique (voir J. Scherer, *op. cit.* p. 208-211) ?

- **Le damoiseau séducteur** — La description qu'en fait Arnolphe est-elle bien adroite ? Peut-elle inspirer de l'aversion à Agnès ? Peut-elle y voir *la griffe du diable* ? Et sait-elle même ce qu'est le diable ? Rapprochez cette description de la critique qu'en 1661 Sganarelle, dans *l'École des maris*, faisait des perruques, des collets, des canons, des blondins, et qu'Alceste à son tour évoquera dans *le Misanthrope*, (v. 480 et suiv.). Voir la description de même genre que Pierrot, en son patois, fait à Charlotte du costume de Don Juan (II, 1) et aussi *le Remerciement au Roi* où Molière a dessiné, en quelques traits, le costume d'un petit marquis à la mode de 1663.
  ② De quelles leçons s'agit-il au vers 666 ? Comment se précisent les caractères de Georgette et d'Alain dans leur courte intervention ?

- **Le sermon d'Arnolphe** (v. 675-746)
  ③ Arnolphe a minutieusement préparé son sermon. Beau morceau d'éloquence ! Il joue ici — on l'a remarqué — le rôle de l'officiant qui adresse à la future « le discours d'usage » dans les cérémonies de mariage. Et ce discours est construit, suivant la rhétorique religieuse du temps, en trois points, suivis d'une péroraison. Quels sont ces trois points ?

- **L'intention parodique** est indiscutable, ainsi que l'a fort bien montré J. Calvet dans son livre *Molière est-il chrétien ?* (p. 49-50).
  ④ Vous essaierez de trouver, à travers les outrances déformantes ou grossièrement cyniques d'Arnolphe, les idées de Molière.

AGNÈS *lit.* — *LES MAXIMES DU MARIAGE*[1]
ou *LES DEVOIRS DE LA FEMME MARIÉE,*

AVEC SON EXERCICE JOURNALIER.

## MAXIME I

*Celle qu'un lien honnête*
*Fait entrer au lit d'autrui,*
*Doit se mettre dans la tête,*
750     *Malgré le train d'aujourd'hui,*
*Que l'homme qui la prend ne la prend que pour lui.*

ARNOLPHE. — Je vous expliquerai ce que cela veut dire;
Mais pour l'heure présente il ne faut rien que lire.

AGNÈS *poursuit.*     MAXIME II

755     *Elle ne se doit parer*
*Qu'autant que peut désirer*
*Le mari qui la possède*[2].
*C'est lui que touche seul le soin de sa beauté,*
*Et pour rien doit être compté*
*Que les autres la trouvent laide.*

## MAXIME III

760     *Loin, ces études d'œillades,*
*Ces eaux, ces blancs, ces pommades,*
*Et mille ingrédients*[3] *qui font des teints fleuris!*
*A l'honneur tous les jours ce sont drogues mortelles;*
*Et les soins de paraître belles*
765     *Se prennent peu pour les maris.*

## MAXIME IV

*Sous sa coiffe, en sortant, comme l'honneur l'ordonne,*
*Il faut que de ses yeux elle étouffe les coups*[4] *;*
*Car pour bien plaire à son époux,*
*Elle ne doit plaire à personne.*

---

1. Suivant les règles de la dramaturgie classique, le formulaire versifié énonçant *les Maximes du mariage* se présente sous forme de couplets d'un rythme très varié, différent du dialogue parlé. — 2. Cf. *Tartuffe*, v. 31-32 : « Quiconque à son mari veut plaire seulement — Ma bru, n'a pas besoin de tant d'ajustement. » — 3. Voir *les Précieuses Ridicules*, sc. 3 : « Ces pendardes-là, avec leur pommade, s'écrie Gorgibus, ont, je pense, envie de me ruiner. Je ne vois partout que blancs d'œufs, lait virginal, et mille autres brimborions que je ne connais point. Elles ont usé, depuis que nous sommes ici, le lard d'une douzaine de cochons, pour le moins, et quatre valets vivraient tous les jours des pieds de mouton qu'elles emploient. » L'exagération comique n'est peut-être pas aussi forte ici qu'on pourrait le croire : dans une ancienne recette de pommade, les pieds de mouton étaient employés par « cinq ou six douzaines ». On employait comme fard le blanc d'Espagne (argile fine purifiée), et le blanc de céruse (carbonate de plomb). — 4. Expression précieuse, faisant allusion aux « œillades », aux clins d'œil provocants.

## MAXIME V

770  *Hors ceux dont au mari la visite se rend,*
 *La bonne règle défend*
 *De recevoir aucune âme :*
 *Ceux qui, de galante humeur,*
 *N'ont affaire qu'à Madame,*
775  *N'accommodent pas Monsieur.*

## MAXIME VI

*Il faut des présents des hommes*
*Qu'elle se défende bien ;*
*Car dans le siècle où nous sommes,*
*On ne donne rien pour rien.*

## MAXIME VII

780 *Dans ses meubles* [1], *dût elle en avoir de l'ennui,*
*Il ne faut écritoire, encre, papier, ni plumes :*
 *Le mari doit, dans les bonnes coutumes,*
 *Écrire tout ce qui s'écrit chez lui.*

## MAXIME VIII

 *Ces sociétés déréglées*
785  *Qu'on nomme belles assemblées*
*Des femmes, tous les jours, corrompent les esprits.*
*En bonne politique* [2] *on les doit interdire ;*
 *Car c'est là que l'on conspire*
 *Contre les pauvres maris.*

## MAXIME IX

790 *Toute femme qui veut à l'honneur se vouer*
 *Doit se défendre de jouer,*
 *Comme d'une chose funeste :*
 *Car le jeu, fort décevant,*
 *Pousse une femme souvent*
795  *A jouer de tout son reste.*

## MAXIME X

 *Des promenades du temps,*
 *Ou repas qu'on donne aux champs,*
 *Il ne faut point qu'elle essaye :*
 *Selon les prudents cerveaux,*
800  *Le mari, dans ces cadeaux* [3],
 *Est toujours celui qui paye.*

---

1. Se disait de tout objet pouvant être déplacé (ici, écritoire, encre, papier, plumes). *Dans ses meubles :* parmi, au nombre de. — 2. Molière emploie souvent ce mot dans le sens de calcul, dissimulation intéressée, conduite fine et adroite. Ici : conduite, procédé. — 3. « Repas qu'on donne hors de chez soi, de çà et de là, et particulièrement à la campagne ; les femmes coquettes ruinent leurs galants à force de leur faire faire des *cadeaux*. En ce sens le mot vieillit » (*Dict.* de Furetière, 1690).

MAXIME XI...

ARNOLPHE. — Vous achèverez seule; et, pas à pas, tantôt
    Je vous expliquerai ces choses comme il faut.
    Je me suis souvenu d'une petite affaire :
  805 Je n'ai qu'un mot à dire, et ne tarderai guère.
    Rentrez, et conservez ce livre chèrement.
    Si le Notaire vient, qu'il m'attende un moment.

SCÈNE III. — ARNOLPHE, *seul.*

    Je ne puis faire mieux que d'en faire ma femme.
    Ainsi que je voudrai, je tournerai cette âme :
  810 Comme un morceau de cire entre mes mains elle est,
    Et je lui puis donner la forme qui me plaît.
    Il s'en est peu fallu que, durant mon absence,
    On ne m'ait attrapé par son trop d'innocence;
    Mais il vaut beaucoup mieux, à dire vérité,
  815 Que la femme qu'on a pèche de ce côté.
    De ces sortes d'erreurs le remède est facile :
    Toute personne simple aux leçons est docile;
    Et si du bon chemin on l'a fait écarter,
    Deux mots incontinent l'y peuvent rejeter.
  820 Mais une femme habile est bien une autre bête :
    Notre sort ne dépend que de sa seule tête;
    De ce qu'elle s'y met rien ne la fait gauchir [1],
    Et nos enseignements ne font là que blanchir [2].
    Son bel esprit lui sert à railler nos maximes,
  825 A se faire souvent des vertus de ses crimes,
    Et trouver, pour venir à ses coupables fins,
    Des détours à duper l'adresse des plus fins.
    Pour se parer du coup en vain on se fatigue :
    Une femme d'esprit est un diable en intrigue;
  830 Et dès que son caprice a prononcé tout bas
    L'arrêt de notre honneur, il faut passer le pas [3].
    Beaucoup d'honnêtes gens en pourraient bien que dire [4].
    Enfin, mon étourdi n'aura pas lieu d'en rire;
    Par son trop de caquet il a ce qu'il lui faut.
  835 Voilà de nos Français l'ordinaire défaut :

---

1. Se détourner (sens propre : tourner à gauche pour éviter un coup). — 2. Rester sans effet. Le mot se dit au propre « des coups de canon qui ne font qu'effleurer une muraille et y laissent une marque blanche. » En ce sens, se dit au figuré « de ceux qui entreprennent d'attaquer ou de persuader quelqu'un, et dont tous les efforts sont inutiles, que tout ce qu'ils ont dit n'a fait que *blanchir* » (*Dict. de Trévoux*). — 3. Le mauvais passage. — 4. Tour elliptique pour : pourraient bien avoir quelque chose à dire.

Dans la possession d'une bonne fortune,
Le secret est toujours ce qui les importune;
Et la vanité sotte a pour eux tant d'appas,
Qu'ils se pendraient plutôt que de ne causer pas.
840 Oh! que les femmes sont du diable bien tentées,
Lorsqu'elles vont choisir ces têtes éventées[1],
Et que... Mais le voici... Cachons-nous toujours bien
Et découvrons un peu quel chagrin est le sien.


SCÈNE IV. — HORACE, ARNOLPHE.

HORACE.        — Je reviens de chez vous, et le destin me montre
            845 Qu'il n'a pas résolu que je vous y rencontre.
               Mais j'irai tant de fois, qu'enfin quelque moment...
ARNOLPHE.      — Hé! mon Dieu, n'entrons point dans ce vain
                                              [compliment.
               Rien ne me fâche tant que ces cérémonies[2];
               Et si l'on m'en croyait, elles seraient bannies.

---

1. Écervelées, étourdies. — 2. Marques de civilité. « Déférences qu'on se fait les uns aux autres par civilité et par honnêteté; c'est une *cérémonie* de donner le pas, le haut du pavé, le haut de la table à quelqu'un, de ne vouloir pas se lever, se couvrir qu'après lui » (*Dict.* de Furetière, 1690).

● **Le bréviaire de la femme mariée** — « Ce formulaire versifié en dix maximes, comme par hasard, écrit Mgr Calvet, (*op. cit.*) ressemble à s'y méprendre à l'*Institution à Olympia* de saint Grégoire de Nysse, que Desmarets de Saint-Sorlin venait de traduire en vers de mirliton, et qui était répandue par les dévots comme brochure d'église. Molière n'était pas fâché de ridiculiser en même temps le livre et le traducteur. Au texte il ajoutait de son crû des équivoques gaillardes qui en accentuaient la bouffonnerie. Contre le reproche qui lui fut adressé de tourner en ridicule les cérémonies du mariage chrétien, Molière [...] se contente de répondre que des personnes de piété, qui ont entendu la scène d'Arnolphe, n'en ont pas été offusquées. »

① Pourquoi des personnes pieuses peuvent-elles n'être pas offusquées à la représentation de cette scène? N'est-il pas de l'essence de la comédie de faire rire de choses sérieuses?

② Que croyez-vous que puisse penser Agnès de ce sermon et de ces *Maximes*?

● **Les caractères : l'odieux et le comique** — Au portrait d'ARNOLPHE ce monologue ajoute de nouveaux traits.

③ Quels sont ces traits?

● **Le ressort de l'action** — Ce monologue fait le point et permet à l'action de rebondir.

④ Montrez-le.

850 C'est un maudit usage, et la plupart des gens
Y perdent sottement les deux tiers de leur temps.
*(Il se couvre).*
Mettons [1] donc sans façons. Hé bien! vos amourettes?
Puis-je, Seigneur Horace, apprendre où vous en êtes?
J'étais tantôt distrait par quelque vision [2];
855 Mais, depuis, là-dessus j'ai fait réflexion :
De vos premiers progrès j'admire la vitesse,
Et dans l'événement mon âme s'intéresse [3].

HORACE. — Ma foi, depuis qu'à vous s'est découvert mon cœur,
Il est à mon amour arrivé du malheur.

ARNOLPHE. 860 Oh! oh! comment cela?

HORACE. — La fortune cruelle
A ramené des champs le patron de la belle.

ARNOLPHE. — Quel malheur!

HORACE. — Et de plus, à mon très grand regret,
Il a su de nous deux le commerce secret.

ARNOLPHE. — D'où, diantre, a-t-il sitôt appris cette aventure?

HORACE. 865 Je ne sais; mais enfin c'est une chose sûre.
Je pensais aller rendre, à mon heure à peu près,
Ma petite visite à ses jeunes attraits,
Lorsque, changeant pour moi de ton et de visage,
Et servante et valet m'ont bouché le passage,
870 Et d'un « Retirez-vous, vous nous importunez »,
M'ont assez rudement fermé la porte au nez.

ARNOLPHE. — La porte au nez!

HORACE. — Au nez.

ARNOLPHE. — La chose est un peu forte.

HORACE. — J'ai voulu leur parler au travers de la porte;
Mais à tous mes propos ce qu'ils ont répondu
875 C'est : « Vous n'entrerez point, Monsieur l'a défendu. »

ARNOLPHE. — Ils n'ont donc point ouvert?

HORACE. — Non. Et de la fenêtre
Agnès m'a confirmé le retour de ce maître,
En me chassant de là d'un ton plein de fierté,
Accompagné d'un grès que sa main a jeté.

ARNOLPHE. 880 Comment, d'un grès?

---

1. Mot en usage pour inviter les gens à se couvrir. — 2. Idée. — 3. On disait, au XVIIᵉ s., *s'intéresser à, s'intéresser dans, s'intéresser pour*. Molière emploie même le verbe sans le pronom : « C'est l'amitié que nous avons pour vous qui nous fait *intéresser* dans vos avantages » (*le Bourgeois gentilhomme*, V. 6, *éd. Bordas*, l. 2080).

| | |
|---|---|
| HORACE. | — D'un grès de taille non petite, |
| | Dont on a par ses mains régalé ma visite. |
| ARNOLPHE. | — Diantre! ce ne sont pas des prunes[1] que cela! |
| | Et je trouve fâcheux l'état où vous voilà. |
| HORACE. | — Il est vrai, je suis mal par ce retour funeste. |
| ARNOLPHE | — Certes, j'en suis fâché pour vous, je vous proteste[2]. |
| HORACE. | 885 Cet homme me rompt tout[3]. |
| ARNOLPHE. | — Oui; mais cela n'est rien, |
| | Et de vous raccrocher vous trouverez moyen. |
| HORACE. | — Il faut bien essayer, par quelque intelligence[4], |
| | De vaincre du jaloux l'exacte vigilance. |
| ARNOLPHE. | 890 Cela vous est facile. Et la fille, après tout, |
| | Vous aime. |
| HORACE. | — Assurément. |
| ARNOLPHE. | — Vous en viendrez à bout. |
| HORACE. | — Je l'espère. |
| ARNOLPHE. | — Le grès vous a mis en déroute[5]; |
| | Mais cela ne doit pas vous étonner[6]. |
| HORACE. | — Sans doute; |
| | Et j'ai compris d'abord[7] que mon homme était là, |
| | 895 Qui, sans se faire voir, conduisait tout cela. |
| | Mais ce qui m'a surpris, et qui va vous surprendre, |
| | C'est un autre incident que vous allez entendre; |
| | Un trait hardi qu'a fait cette jeune beauté, |
| | Et qu'on n'attendrait point de sa simplicité. |
| | 900 Il le faut avouer, l'amour est un grand maître[8] : |
| | Ce qu'on ne fut jamais il nous enseigne à l'être; |
| | Et souvent de nos mœurs l'absolu changement |
| | Devient, par ses leçons, l'ouvrage d'un moment; |
| | De la nature, en nous, il force les obstacles, |
| | 905 Et ses effets soudains ont de l'air[9] des miracles; |
| | D'un avare à l'instant il fait un libéral, |
| | Un vaillant d'un poltron, un civil d'un brutal; |
| | Il rend agile à tout l'âme la plus pesante, |
| | Et donne de l'esprit à la plus innocente. |
| | 910 Oui, ce dernier miracle éclate dans Agnès; |

---

1. Molière joue sur le mot. Au sens figuré, on donne à *prune* ou *pruneau* le sens de projectile. Nous disons d'autre part « pour des *prunes* » dans le sens de : pour des bagatelles, pour rien. — 2. Je vous assure. — 3. Brise, déjoue tout mon projet (voir le v. 310 : « Un secret éventé *rompt* nos prétentions »). — 4. Par quelque connivence, quelque secrète entente dirigée contre lui. — 5. Embarrassé. — 6. Au sens fort : frapper, déconcerter. — 7. Tout de suite. — 8. Cet hémistiche se trouve dans *la Suite du Menteur* de Corneille (II, 3, v. 595) : « *L'amour est un grand maître*, il instruit tout d'un coup. ». — 9. Ressemblent à.

Car, tranchant avec moi par ces termes exprès :
« Retirez-vous : mon âme aux visites renonce;
Je sais tous vos discours, et voilà ma réponse. »
Cette pierre ou ce grès, dont vous vous étonniez,
915 Avec un mot de lettre est tombée à mes pieds;
Et j'admire de voir cette lettre ajustée [1]
Avec le sens des mots et la pierre jetée [2].
D'une telle action n'êtes-vous pas surpris?
L'amour sait-il pas [3] l'art d'aiguiser les esprits?
920 Et peut-on me nier que ses flammes puissantes
Ne fassent dans un cœur des choses étonnantes?
Que dites-vous du tour et de ce mot d'écrit?
Euh! n'admirez-vous point cette adresse d'esprit?
Trouvez-vous pas plaisant de voir quel personnage
925 A joué mon jaloux dans tout ce badinage [4]?
Dites.

ARNOLPHE. —              Oui, fort plaisant.
                    *(Arnolphe rit d'un ris forcé.)*

HORACE. —                        Riez-en donc un peu.
Cet homme, gendarmé [5] d'abord contre mon feu [6],
Qui chez lui se retranche, et de grès fait parade [7],
Comme si j'y voulais entrer par escalade,
930 Qui, pour me repousser, dans son bizarre [8] effroi,
Anime du dedans tous ses gens contre moi,
Et qu'abuse à ses yeux, par sa machine [9] même,
Celle qu'il veut tenir dans l'ignorance extrême!
Pour moi, je vous l'avoue, encor que son retour
935 En un grand embarras jette ici mon amour,
Je tiens cela plaisant autant qu'on saurait dire,
Je ne puis y songer sans de bon cœur en rire;
Et vous n'en riez pas assez, à mon avis.

ARNOLPHE, *avec un ris forcé.*
— Pardonnez-moi, j'en ris tout autant que je puis.

HORACE. - 940 Mais il faut qu'en ami je vous montre la lettre.
Tout ce que son cœur sent, sa main a su l'y mettre,
Mais en termes touchants et tous [10] pleins de bonté,

---

1. Accommodée. — 2. Tour latin, pour : le jet de la pierre. — 3. Sur l'ellipse de *ne*, dans l'interrogation, voir p. 38, n. 13 et le v. 924. — 4. Plaisanterie extravagante. — 5. En humeur et posture d'homme qui veut combattre. Mot du langage familier. — 6. Cf., au v. 920, *flammes* : mots du langage précieux. — 7. Terme d'escrime : le moyen ou l'acte de parer un coup. — 8. Fantasque, déraisonnable. — 9. Machination, moyen de défense imaginé. Arnolphe transforme sa maison en forteresse et se prépare à soutenir l'assaut. — 10. « C'est une faute, que presque tout le monde fait, de dire *tous* au lieu de *tout* quand *tout* étant adverbe est indéclinable » (Vaugelas).

De tendresse innocente et d'ingénuité,
De la manière enfin que la pure nature
945 Exprime de l'amour la première blessure.

ARNOLPHE, *bas.*

— Voilà, friponne, à quoi l'écriture te sert;
Et contre mon dessein l'art t'en fut découvert.

HORACE *lit.* — *Je veux vous écrire, et je suis bien en peine par où* [1]
*je m'y prendrai. J'ai des pensées que je désirerais que
vous sussiez; mais je ne sais comment faire pour vous
les dire, et je me défie de mes paroles. Comme je commence
à connaître qu'on m'a toujours tenue dans l'ignorance,
j'ai peur de mettre quelque chose qui ne soit pas bien,
et d'en dire plus que je ne devrais. En vérité, je ne sais
ce que* [2] *vous m'avez fait, mais je sens que je suis fâchée
à mourir de ce qu'on me fait faire contre vous, que
j'aurai toutes les peines du monde à me passer de vous,
et que je serais bien aise d'être à vous* [3]. *Peut-être qu'il
y a du mal à dire cela; mais enfin je ne puis m'empêcher
de le dire, et je voudrais que cela se pût faire sans qu'il
y en eût. On me dit fort que tous les jeunes hommes
sont des trompeurs, qu'il ne les faut point écouter, et
que tout ce que vous me dites n'est que pour m'abuser;
mais je vous assure que je n'ai pu encore me figurer
cela de vous, et je suis si touchée de vos paroles, que je
ne saurais croire qu'elles soient menteuses. Dites-moi
franchement ce qui en est; car enfin, comme je suis
sans malice, vous auriez le plus grand tort du monde,
si vous me trompiez: et je pense que j'en mourrais de
déplaisir* [4].

---

1. De savoir *par où;* tour latin. — 2. Quel mal. — 3. Sens indécis: vous être dévouée ou vous appartenir. — 4. Sens fort: chagrin violent.

●●●●●●●●●●●●●●●●●●●●●●●●●●●●●●●●●●●●●●●●●●●●●●●●●●●●●●●●●●●●●●●●●●●

● **Le récit de la scène du grès** — Lessing écrit: « Il s'agit bien moins des
faits qui sont rapportés que de l'impression qu'ils font sur le vieillard
trompé, quand il les apprend. C'était surtout le travers de ce vieillard
que Molière voulait représenter; il faut donc que nous voyions comment
il se comporte en présence du malheur qui le menace; et c'est ce que
nous n'aurions pas vu aussi bien si le poète avait mis sous nos yeux
les choses qu'il met en récit, et en récit celles qu'il met sous nos yeux. »
(*Dramaturgie de Hambourg* p. 258, cité par Scherer).
① Vous le montrerez en faisant ressortir *l'intérêt de cette scène.*
② Quels sont les quatre vers qui marquent le tournant de la scène?

●●●●●●●●●●●●●●●●●●●●●●●●●●●●●●●●●●●●●●●●●●●●●●●●●●●●●●●●●●●●●●●●●●●

ARNOLPHE, *à part*.
— Hon! chienne [1]!

HORACE. — Qu'avez-vous?

ARNOLPHE. — Moi? rien. C'est que je tousse.

HORACE. — Avez-vous jamais vu d'expression plus douce?
950 Malgré les soins maudits d'un injuste pouvoir,
Un plus beau naturel peut-il se faire voir?
Et n'est-ce pas sans doute [2] un crime punissable
De gâter méchamment ce fonds d'âme admirable,
D'avoir dans l'ignorance et la stupidité
955 Voulu de cet esprit étouffer la clarté?
L'amour a commencé d'en déchirer le voile;
Et si, par la faveur de quelque bonne étoile,
Je puis, comme j'espère, à ce franc [3] animal,
Ce traître, ce bourreau, ce faquin [4], ce brutal [5]...

ARNOLPHE. 960 Adieu.

HORACE. — Comment! si vite?

ARNOLPHE. — Il m'est dans la pensée
Venu tout maintenant une affaire pressée.

HORACE. — Mais ne sauriez-vous point, comme on la tient de près,
Qui dans cette maison pourrait avoir accès?
J'en use [6] sans scrupule; et ce n'est pas merveille [7]
965 Qu'on se puisse, entre amis, servir à la pareille [8].
Je n'ai plus là dedans que gens pour m'observer;
Et servante et valet, que je viens de trouver,
N'ont jamais, de quelque air que je m'y sois pu
[prendre [9],
Adouci leur rudesse à me vouloir entendre.
970 J'avais pour de tels coups certaine vieille en main,
D'un génie, à vrai dire, au-dessus de l'humain :
Elle m'a dans l'abord [10] servi de bonne sorte;
Mais depuis quatre jours la pauvre femme est morte.
Ne me pourriez-vous point ouvrir quelque moyen?

ARNOLPHE. 975 Non, vraiment, et sans moi vous en trouverez bien.

HORACE. — Adieu donc. Vous voyez ce que je vous confie.

---

1. Exclamation injurieuse du langage familier. — 2. Sans aucun doute. — 3. Adjectif indiquant l'excès dans la qualité bonne ou mauvaise. — 4. De l'italien *facchino : portefaix*. Homme de rien, méprisable, « qui fait des actions indignes d'un honnête homme » (*Dict. de l'Acad.*, 1694). — 5. Sens fort : qui tient de la bête *brute*. — 6. J'agis. — 7. Il n'y a rien d'étonnant. — 8. A charge de revanche. Cf. Donneau de Visé, *Zélinde*, sc. 3 : « C'est une chose assez plaisante de voir un jeune garçon [Horace] dire en parlant de l'amour à un homme déjà sur l'âge et qui fait le Caton [Arnolphe] qu'il le *servira à la pareille*. » — 9. Que j'aie pu m'y prendre, que je m'y sois pris. Voir la note du vers 1663. — 10. Tout d'abord.

Scène V. — ARNOLPHE, *seul.*

Comme il faut devant lui que je me mortifie [1] !
Quelle peine à cacher mon déplaisir cuisant!
Quoi! pour une innocente un esprit si présent [2] !
980 Elle a feint d'être telle à mes yeux, la traîtresse,
Ou le diable à son âme a soufflé cette adresse.
Enfin me voilà mort par ce funeste écrit.
Je vois qu'il a, le traître, empaumé [3] son esprit,
Qu'à ma suppression [4] il s'est ancré [5] chez elle;
985 Et c'est mon désespoir et ma peine mortelle.
Je souffre doublement dans le vol de son cœur [6],
Et l'amour y pâtit aussi bien que l'honneur;
J'enrage de trouver cette place usurpée,
Et j'enrage de voir ma prudence trompée.
990 Je sais que, pour punir son amour libertin [7],
Je n'ai qu'à laisser faire à son mauvais destin,
Que je serai vengé d'elle par elle-même;
Mais il est bien fâcheux de perdre ce qu'on aime.
Ciel! puisque pour un choix j'ai tant philosophé [8],
995 Faut-il de ses appas m'être si fort coiffé [9] !
Elle n'a ni parents, ni support [10], ni richesse;
Elle trahit mes soins, mes bontés, ma tendresse;
Et cependant je l'aime, après ce lâche tour,
Jusqu'à ne me pouvoir passer de cet amour.
1000 Sot, n'as-tu point de honte? Ah! je crève, j'enrage,
Et je souffletterais mille fois mon visage.
Je veux entrer un peu, mais seulement pour voir
Quelle est sa contenance après un trait si noir.
Ciel, faites que mon front soit exempt de disgrâce;
1005 Ou bien, s'il est écrit qu'il faille que j'y passe,
Donnez-moi tout au moins, pour de tels accidens,
La constance [11] qu'on voit à de certaines gens!

---

1. Que je m'impose de souffrir cette humiliation. — 2. Vif, qui réagit promptement et effi-
cacement. — 3. En terme de vénerie, *empaumer la voie*, c'est suivre la piste, la voie droite
du gibier; en terme de jeu de paume, c'est recevoir une balle dans le milieu de la *paume* de
la main; au figuré, c'est prendre en main. *Empaumer son esprit*, c'est s'en rendre maître, le
subjuguer. — 4. Pour me supplanter. — 5. S'est fixé comme un vaisseau sur son *ancre*. —
6. Expression précieuse. — 7. Illégitime. — 8. Réfléchi, raisonné. Allusion à ses théories sur
le mariage et l'instruction des femmes. — 9. *Se coiffer* : s'enticher de, se mettre en tête. —
10. Soutien. — 11. La force qui aide à supporter l'adversité.

Isabelle Adjani dans le rôle d'AGNÈS
Comédie-Française 1973

# ACTE IV

Scène première. — ARNOLPHE.

J'ai peine, je l'avoue, à demeurer en place,
Et de mille soucis mon esprit s'embarrasse,
1010 Pour pouvoir mettre un ordre [1] et dedans et dehors [2]
Qui du godelureau [3] rompe tous les efforts.
De quel œil la traîtresse a soutenu ma vue!
De tout ce qu'elle a fait elle n'est point émue;
Et bien qu'elle me mette à deux doigts du trépas,
1015 On dirait, à la voir, qu'elle n'y touche pas [4].
Plus en la regardant je la voyais tranquille,
Plus je sentais en moi s'échauffer une bile [5];
Et ces bouillants transports dont s'enflammait mon
[cœur
Y semblaient redoubler mon amoureuse ardeur.
1020 J'étais aigri, fâché, désespéré contre elle,
Et cependant jamais je ne la vis si belle;
Jamais ses yeux aux miens n'ont paru si perçants,
Jamais je n'eus pour eux des désirs si pressants;
Et je sens là dedans [6] qu'il faudra que je crève
1025 Si de mon triste sort la disgrâce s'achève.
Quoi! j'aurai dirigé son éducation
Avec tant de tendresse et de précaution!
Je l'aurai fait passer chez moi dès son enfance,
Et j'en aurai chéri la plus tendre espérance,
1030 Mon cœur aura bâti [7] sur ses attraits naissans [8]
Et cru la mitonner [9] pour moi durant treize ans [10],
Afin qu'un jeune fou dont elle s'amourache
Me la vienne enlever jusque sur la moustache [11],

---

1. De l'ordre. — 2. *Dans* la maison et *hors* de la maison. — 3. Jeune étourdi qui fait
le joli cœur. Il se peut que ce mot soit une déformation de *goguelureau*, diminutif péjoratif
de *goguelu*, qui vient de *gogue*, fête, raillerie, gaieté (d'où *goguette*). On lit dans le Nicot (1606) :
« *goguelu* est un mot de mépris et moquerie dont le Français brocarde un petit compagnon
qui se porte en superbe, comme quand il dit d'un glorieux qui se pavane et se veut, par contenance hautaine, faire valoir : c'est un goguelu. » Le mot, selon Richelet n'entre que dans le
burlesque et le bas style. — 4. Qu'elle est en dehors de la chose ou affecte de ne pas s'en soucier.
D'où le nom de *Sainte Nitouche* donné à la personne qui cache ses défauts sous une apparence
d'innocence. — 5. Une colère provoquée par la bile jaune, la bile noire rendant mélancolique. —
6. Arnolphe se frappe le cœur. — 7. *Bâtir*, employé sans complément direct, au figuré : compter
sur, fonder des projets. — 8. Orthographe commandée par la rime. — 9. Dorloter, choyer. Le
mot évoque l'idée d'un plat qu'on a pris soin de faire mijoter longtemps. — 10. Agnès,
achetée quand elle avait quatre ans (v. 130), entre donc dans sa dix-huitième année. — 11. En
sa présence et en dépit de lui, en le bravant. Nous dirions aujourd'hui : à ma barbe.

Lorsqu'elle est avec moi mariée à demi!
1035 Non, parbleu! non, parbleu! Petit sot, mon ami,
Vous aurez beau tourner : ou j'y perdrai mes peines,
Ou je rendrai, ma foi, vos espérances vaines,
Et de moi tout à fait vous ne vous rirez point.

## Scène II. — LE NOTAIRE, ARNOLPHE.

LE NOTAIRE. — Ah! le voilà! Bonjour. Me voici tout à point,
1040 Pour dresser le contrat que vous souhaitez faire [1].

ARNOLPHE, *sans le voir.*
— Comment faire?

LE NOTAIRE. — Il le faut dans la forme ordinaire.

ARNOLPHE, *sans le voir.*
— A mes précautions je veux songer de près.

LE NOTAIRE. — Je ne passerai [2] rien contre vos intérêts.

ARNOLPHE, *sans le voir.*
— Il se faut garantir de toutes les surprises.

LE NOTAIRE. - 1045 Suffit qu'entre mes mains vos affaires soient mises.
Il ne vous faudra point, de peur d'être déçu,
Quittancer [3] le contrat que [4] vous n'ayez reçu.

ARNOLPHE, *sans le voir.*
— J'ai peur, si je vais faire éclater quelque chose,
Que de cet incident par la ville on ne cause.

LE NOTAIRE. - 1050 Hé bien! il est aisé d'empêcher cet éclat,
Et l'on peut en secret faire votre contrat.

ARNOLPHE, *sans le voir.*
— Mais comment faudra-t-il qu'avec elle j'en sorte?

LE NOTAIRE. — Le douaire [5] se règle au bien qu'on vous apporte.

ARNOLPHE, *sans le voir.*
— Je l'aime, et cet amour est mon grand embarras.

LE NOTAIRE. - 1055 On peut avantager une femme en ce cas.

ARNOLPHE, *sans le voir.*
— Quel traitement lui faire en pareille aventure?

---

1. Arnolphe avait donné ordre à ses serviteurs d'aller chercher le notaire (v. 673). — 2. Terme du langage judiciaire; *passer* un acte : faire figurer sur un acte. — 3. Donner *quittance* au dos, en marge d'un contrat. « Les contrats de mariage sont réputés *quittancés* au bout de dix ans, qui est le temps où l'on présume la dot payée » (*Dict.* de Furetière, 1690). — 4. Sans que, avant que.... — 5. Terme de l'ancien droit : l'ensemble des biens que le mari assigne à sa femme en se mariant, et dont elle jouit par usufruit, si elle devient veuve, en en laissant la propriété à ses enfants.

LE NOTAIRE.    — L'ordre est que le futur doit douer [1] la future
                 Du tiers du dot [2] qu'elle a ; mais cet ordre n'est rien,
                 Et l'on va plus avant lorsque l'on le veut bien.

ARNOLPHE, *sans le voir.*
     1060 Si...

LE NOTAIRE, *Arnolphe l'apercevant.*
       —          Pour le préciput [3], il les regarde ensemble.
                 Je dis que le futur peut comme bon lui semble
                 Douer la future.

ARNOLPHE, *l'ayant aperçu.*
       —          Euh ?

LE NOTAIRE.   —              Il peut l'avantager
                 Lorsqu'il l'aime beaucoup et qu'il veut l'obliger,
                 Et cela par douaire, ou préfix [4] qu'on appelle,
    1065 Qui demeure perdu par le trépas d'icelle [5],
                 Ou sans retour, qui va de ladite à ses hoirs [6],
                 Ou coutumier, selon les différents vouloirs,
                 Ou par donation dans le contrat formelle,
                 Qu'on fait ou pure et simple, ou qu'on fait mutuelle [7].
    1070 Pourquoi hausser le dos ? Est-ce qu'on parle en fat,
                 Et que l'on ne sait pas les formes d'un contrat ?

---

1. Assigner comme *douaire*. — 2. Molière emploie *dot* au masculin. Ménage écrira en 1672 : « Il faut dire *la dot* et non pas *le dot*, comme dit M. de Vaugelas dans sa traduction de Quinte Curce, et M. d'Ablancourt dans tous ses livres. » — 3. Partie prélevée, dans un partage, en faveur d'une personne, notamment du conjoint survivant. En partage noble, par exemple, l'aîné a toujours le principal fief ou manoir pour son *préciput*. Le préciput prélevé, le partage des autres biens se fait entre tous les héritiers, y compris l'aîné. — 4. *Préfix* ou *douaire préfix* : somme dont le mari assure le revenu à sa femme, s'il vient à mourir avant elle ; *le douaire coutumier* en diffère, en ce qu'il assure à la veuve la moitié du bien possédé par le mari au jour du mariage. Une femme *douée* de douaire coutumier est plus avantagée que si elle était douée d'un douaire préfix. — 5. Celle que voici. — 6. Héritiers naturels. — 7. *Pure et simple :* en faveur d'un seul des conjoints ; *mutuelle :* en faveur du conjoint survivant.

---

① Étudiez les divers mouvements du monologue qui ouvre l'acte (v. 1008 et suiv.).

Arnolphe rumine son aventure, revit la scène qu'il vient d'avoir avec Agnès comme Hermione revit, dans le fameux monologue d'*Andromaque* (V, 1), l'entrevue qu'elle vient d'avoir avec Pyrrhus : « Le cruel ! de quel œil il m'a congédiée ! » dit Hermione ; et Arnolphe (v. 1012) : « De quel œil la traîtresse a soutenu ma vue ! ». Ces traits communs du théâtre classique montrent que tragédie et comédie sont deux formes d'une même dramaturgie. Cf. p. 70, n. 8.

② Que valent les raisons invoquées par Arnolphe, et que confirment-elles de son caractère ? Montrez que, même amoureux, Arnolphe reste profondément lui-même, c'est-à-dire égoïste.

③ Étudiez le style d'Arnolphe dans ce monologue : la variété dans le diapason, le mélange des tons.

Qui me les apprendra ? Personne, je présume.
Sais-je pas qu'étant joints, on est par la Coutume [1]
Communs en meubles, biens immeubles et conquêts [2],
1075 A moins que par un acte on y renonce exprès ?
Sais-je pas que le tiers du bien de la future
Entre en communauté pour...

ARNOLPHE. —           Oui, c'est chose sûre,
Vous savez tout cela ; mais qui vous en dit mot ?

LE NOTAIRE. — Vous, qui me prétendez faire passer pour sot,
1080 En me haussant l'épaule et faisant la grimace.

ARNOLPHE. — La peste soit fait l'homme [3], et sa chienne de face [4] !
Adieu : c'est le moyen de vous faire finir.

LE NOTAIRE. — Pour dresser un contrat m'a-t-on pas fait venir ?

ARNOLPHE. — Oui, je vous ai mandé ; mais la chose est remise,
1085 Et l'on vous mandera quand l'heure sera prise.
Voyez quel diable d'homme avec son entretien !

LE NOTAIRE, *seul*.
— Je pense qu'il en tient [5], et je crois penser bien.


SCÈNE III. — LE NOTAIRE, ALAIN, GEORGETTE, ARNOLPHE.

LE NOTAIRE, *allant au-devant d'Alain et de Georgette*.
— M'êtes-vous pas venu querir [6] pour votre maître ?

ALAIN. — Oui.

LE NOTAIRE. —         J'ignore pour qui vous le pouvez connaître,
1090 Mais allez de ma part lui dire de ce pas
Que c'est un fou fieffé [7].       

GEORGETTE. —               Nous n'y manquerons pas.


SCÈNE IV. — ALAIN, GEORGETTE, ARNOLPHE.

ALAIN. — Monsieur...

ARNOLPHE. —          Approchez-vous : vous êtes mes fidèles,
Mes bons, mes vrais amis, et j'en sais des nouvelles.

---

1. *La coutume* est le droit particulier ou municipal établi par l'usage en certaines provinces et qui a force de loi. La coutume de Paris sert de règle pour toutes les autres coutumes, quand elles n'ont point de dispositions contraires. — 2. Acquêts : *biens acquis* durant le mariage et qui entrent dans la communauté. — 3. Tour assez inhabituel pour : la peste soit de l'homme! — 4. Voir p. 86, n. 1. — 5. *En tenir :* être dupé. L'expression se dit proprement du perdreau qui a du plomb dans l'aile, d'un homme « quand il est blessé de quelque coup » et par extension « quand il a reçu quelque perte notable en procès, taxes ou autres accidents » (*Dict.* de Furetière, 1690). — 6. Chercher (lat. *quaerere*) ; ce verbe ne s'emploie qu'à l'infinitif après les verbes *aller, envoyer.* — 7. *Fieffé* est celui à qui on a donné un *fief*, ce qui suppose un homme notable. Nous dirions : il est tout à fait fou.

ALAIN. — Le Notaire...

ARNOLPHE. — Laissons, c'est pour quelque autre jour.
1095 On veut à mon honneur jouer d'un mauvais tour;
Et quel affront pour vous, mes enfants, pourrait-ce
[être,
Si l'on avait ôté l'honneur à votre maître!
Vous n'oseriez après paraître en nul endroit,
Et chacun, vous voyant, vous montrerait au doigt.
1100 Donc, puisque autant que moi l'affaire vous regarde,
Il faut de votre part faire une telle garde,
Que ce galant ne puisse en aucune façon...

GEORGETTE. — Vous nous avez tantôt montré notre leçon.

ARNOLPHE. — Mais à ses beaux discours gardez bien de vous rendre.

ALAIN. -1105 Oh! vraiment...

GEORGETTE. — Nous savons comme il faut s'en défendre.

- ● **La scène du notaire; le comique** — Les deux personnages, tout à leur idée fixe, poursuivent, chacun de son côté, leur soliloque : Arnolphe ne pense qu'aux moyens de s'assurer Agnès, le notaire qu'à son contrat, et les deux apartés s'ajustent, de manière à prolonger le quiproquo. Pour accuser la drôlerie, Jouvet avait imaginé de faire jouer la scène sur l'échelle qui servait à Arnolphe pour tailler ses espaliers. Chaque personnage, juché sur l'un des côtés de l'échelle double, y débitait son boniment. Le comique de farce était ainsi mis en valeur. Il l'était du temps de Molière et avec grand succès.

- ● **La peinture des mœurs** — Mais cette grêle de termes techniques et cette insistance à exposer les finasseries de procédure sont une occasion, pour Molière, de faire la satire des hommes de loi et de leur phraséologie professionnelle. Dans *Monsieur de Pourceaugnac* (II, 10) il se moquera, avec une exacte propriété de termes, du jargon de la basoche et des détours de la procédure. Il raillera dans *le Malade imaginaire* l'habile notaire M. de Bonnefoi (I, 7). Ses brèves études de droit à Orléans ont pu lui servir à entrer de plain-pied dans le langage de la chicane, mais il faut bien le remarquer : il a toujours su faire parler à tous ses personnages le langage de leur métier et de leur condition. On a observé que, s'il a fustigé incidemment les gens de justice, il n'a pas écrit de pièce sur eux, comme sur les médecins. Mais Racine fera (1668) dans *les Plaideurs* — et excellemment au dire même de Molière — la satire des abus de la procédure (cf. *les Plaideurs* I, 7, la tirade de Chicaneau). Molière s'est contenté de quelques touches.

  ① *Un fou fieffé*, dit le notaire d'Arnolphe (v. 1091). Montrez comment le jugement du notaire sur Arnolphe corrobore celui de Chrysalde (v. 195) et le portrait que trace à deux reprises Horace (I, 4, v. 330-334 et III, 4, v. 927-938). Ce jugement de l'opinion publique pourrait-il convaincre Arnolphe?

ARNOLPHE. — S'il venait doucement : « Alain, mon pauvre cœur,
» Par un peu de secours soulage ma langueur [1]. »

ALAIN. — Vous êtes un sot.

ARNOLPHE, *à Georgette.*
— Bon! « Georgette, ma mignonne,
» Tu me parais si douce et si bonne personne. »

GEORGETTE. -[1110] Vous êtes un nigaud.

ARNOLPHE, *à Alain.*
— Bon! « Quel mal trouves-tu
» Dans un dessein honnête et tout plein de vertu? »

ALAIN. — Vous êtes un fripon.

ARNOLPHE, *à Georgette.*
— Fort bien. « Ma mort est sûre,
» Si tu ne prends pitié des peines que j'endure. »

GEORGETTE. — Vous êtes un benêt, un impudent.

ARNOLPHE, *à Alain.*
— Fort bien.
[1115] « Je ne suis pas un homme à vouloir rien pour rien;
» Je sais, quand on me sert, en garder la mémoire;
» Cependant, par avance, Alain, voilà pour boire;
» Et voilà pour t'avoir, Georgette, un cotillon :
*(Ils tendent tous deux la main et prennent l'argent.)*
» Ce n'est de mes bienfaits qu'un simple échantillon.
[1120] » Toute la courtoisie [2] enfin dont je vous presse,
» C'est que je puisse voir votre belle maîtresse. »

GEORGETTE, *le poussant.*
— A d'autres!

ARNOLPHE. — Bon cela!

ALAIN. *le poussant.*
— Hors d'ici!

ARNOLPHE. — Bon!

GEORGETTE, *le poussant.*
— Mais tôt!

ARNOLPHE. — Bon. Holà! c'est assez.

GEORGETTE. — Fais-je pas comme il faut?

ALAIN. — Est-ce de la façon que vous voulez l'entendre?

ARNOLPHE. -[1125] Oui, fort bien, hors l'argent, qu'il ne fallait pas prendre.

GEORGETTE. — Nous ne nous sommes pas souvenus de ce point.

---

1. Voir le v. 597 et la note. — 2. Service rendu, gracieuseté.

| | |
|---|---|
| ALAIN. | — Voulez-vous qu'à l'instant nous recommencions? |
| ARNOLPHE. | — Point; |
| | Suffit. Rentrez tous deux. |
| ALAIN. | — Vous n'avez rien qu'à dire. |
| ARNOLPHE. | — Non, vous dis-je; rentrez, puisque je le désire. |

1130 Je vous laisse l'argent; allez, je vous rejoins.
Ayez bien l'œil à tout, et secondez mes soins.

SCÈNE V. — ARNOLPHE, *seul.*

Je veux, pour espion qui soit d'exacte vue,
Prendre le savetier du coin de notre rue.
Dans la maison toujours je prétends la tenir,
1135 Y faire bonne garde, et surtout en bannir
Vendeuses de ruban, perruquières [1], coiffeuses,
Faiseuses de mouchoirs, gantières, revendeuses,
Tous ces gens qui sous main travaillent chaque jour
A faire réussir les mystères d'amour.
1140 Enfin j'ai vu le monde et j'en sais les finesses.
Il faudra que mon homme ait de grandes adresses
Si message ou poulet [2] de sa part peut entrer.

---

1. Les *perruquières* étaient des fabricantes ou des marchandes de perruques ou de coins de cheveux, de tresses, de bandeaux. — 2. Billet doux; on appelait *porte-poulet* le messager qui portait les billets d'amour. Le terme de *poulet* viendrait, d'après Furetière, de ce que les pointes rabattues du billet imitaient les ailes d'un poulet; d'après Ménage, « de ce qu'il était plié de la manière dont les officiers de bouche plient les serviettes, auxquelles ils savent donner diverses figures d'animaux. » Mais l'expression, suggère Ch. Livet, ne viendrait-elle pas d'Italie, où les marchands de poulets faisaient le métier d'entremetteurs?

------------------------------------------------------------

- **Une comédie dans la comédie** — Arnolphe imagine, à l'intérieur de la comédie, la mise en scène d'une comédie burlesque qu'il va jouer lui-même avec Alain et Georgette (sc. 4). Il organise avec eux une répétition grotesque où il contrefait Horace cherchant à séduire les valets pour arriver jusqu'à Agnès.

  ① Qu'a de particulièrement comique ce divertissement bouffon?

- **Intérêt dramatique de la scène** — Cette scène fictive s'accompagne de résultats très réels : Arnolphe reçoit les coups censés destinés à Horace; les valets encaissent l'argent d'Arnolphe-Horace, qu'ils ne rendent pas; et tout le monde est satisfait : le public qui se détend et rit, les valets qui ont la double satisfaction de toucher de l'argent et de bâtonner leur maître, Arnolphe que son scénario rassure et qui, s'illusionnant lui-même par cette grosse farce, se croit désormais à l'abri.

  ② Montrez comment se mêlent, dans le caractère d'Arnolphe, la clairvoyance et la sottise, complexité d'un personnage bien vivant.

------------------------------------------------------------

SCÈNE VI. — HORACE, ARNOLPHE.

HORACE.  — La place m'est heureuse à vous y rencontrer [1].
Je viens de l'échapper bien belle, je vous jure.
1145 Au sortir d'avec vous, sans prévoir l'aventure,
Seule dans son balcon j'ai vu paraître Agnès,
Qui des arbres prochains [2] prenait un peu le frais.
Après m'avoir fait signe, elle a su faire en sorte,
Descendant au jardin, de m'en ouvrir la porte;
1150 Mais à peine tous deux dans sa chambre étions-nous,
Qu'elle a sur les degrés [3] entendu son [4] jaloux;
Et tout ce qu'elle a pu, dans un tel accessoire [5],
C'est de me renfermer dans une grande armoire.
Il est entré d'abord : je ne le voyais pas,
1155 Mais je l'oyais marcher, sans rien dire, à grands pas,
Poussant de temps en temps des soupirs pitoyables,
Et donnant quelquefois de grands coups sur les tables,
Frappant un petit chien qui pour lui s'émouvait [6],
Et jetant brusquement les hardes qu'il trouvait;
1160 Il a même cassé, d'une main mutinée [7],
Des vases dont la belle ornait sa cheminée;
Et sans doute il faut bien qu'à ce becque cornu [8]
Du trait [9] qu'elle a joué quelque jour soit venu.
Enfin, après cent tours, ayant de la manière
1165 Sur ce qui n'en peut mais [10] déchargé sa colère,
Mon jaloux inquiet, sans dire son ennui,
Est sorti de la chambre, et moi de mon étui [11].
Nous n'avons point voulu, de peur du personnage,
Risquer à nous tenir ensemble davantage :
1170 C'était trop hasarder; mais je dois, cette nuit,
Dans sa chambre un peu tard m'introduire sans bruit.
En toussant par trois fois je me ferai connaître.

---

1. Concession faite à l'unité de lieu. — 2. Proches, voisins. — 3. Marches d'escalier. — 4. Possessif péjoratif. — 5. *Accessoire* se disait, au XVIIe s., en deux sens : ce qui s'ajoute au principal (surtout dans un procès); danger, malheur (lat. *accidit*, accident, cas fortuit, adversité de fortune, état, et surtout fâcheux état où l'on se trouve). En ce sens, le mot était vieux en 1694, selon le *Dict. de l'Acad.* — 6. Qui s'agitait autour de lui. — 7. Irritée. — 8. Aucun des dictionnaires du temps de Scarron et de Molière ou antérieurs ne donne ce mot. Les dictionnaires italiens qui donnent *becco* et *cornuto* (*becco* : bouc) traduisent chacun de ces mots par « mari trompé ». Les Italiens avaient donc deux mots pour signifier un cocu, à savoir *becco* et *cornuto*, et quelquefois par emphase ils ajoutaient *cornuto* à *becco*. Postérieurement à Molière, le *Dict. de Trévoux*, qui admet le mot, dit : « En français, on ne prononce pas le *c* de *bec* et l'on dit *bé-cornu*. » L'Acad. française ne l'admet dans aucune de ses éditions. — 9. Tour. — 10. *N'en pouvoir mais* : n'être pas cause, n'être pas responsable, être innocent. *Mais* (lat. *magis*) : plus, davantage. — 11. Noter le pittoresque du mot pour désigner l'armoire.

Et je dois au signal voir ouvrir la fenêtre,
Dont, avec une échelle, et secondé d'Agnès,
1175 Mon amour tâchera de me gagner l'accès.
Comme à mon seul ami, je veux bien vous l'apprendre.
L'allégresse du cœur s'augmente à la répandre;
Et goûtât-on cent fois un bonheur trop parfait,
On n'en est pas content, si quelqu'un ne le sait.
1180 Vous prendrez part, je pense, à l'heur[1] de mes affaires.
Adieu. Je vais songer aux choses nécessaires.

---

1. Bonheur. « *Heur* se plaçait où *bonheur* ne saurait entrer; il a fait *heureux*, qui est si français, et il a cessé de l'être » (La Bruyère, *Caractères*, XIV, 73).

- **Le récit d'Horace** — Nouvelle confidence d'Horace, accablante pour Arnolphe. Horace l'assène impitoyablement sur la tête d'Arnolphe comme un coup de massue, au moment même où ce dernier, hyperboliquement rengorgé (*j'ai vu le monde et j'en sais les finesses*, v. 1140), croyait sa victoire assurée, Horace mime la scène qui s'est déroulée pendant le troisième entracte, quand Arnolphe, tout bouillant de colère après la lettre d'Agnès, vient trouver celle-ci dans sa chambre pour voir de quel œil elle osera soutenir son regard. Tout le récit d'Horace met l'action sous nos yeux. On voit, on entend tout : le bruit pesant des pas du jaloux dans l'escalier, la cachette dans l'armoire, les soupirs, les coups sur la table du furieux, ses allées et venues dans la chambre, les cris du petit chien, les vases cassés, les hardes jetées par la fenêtre, puis, le ressort détendu, l'arrêt brusque, enfin le départ, la délivrance des séquestrés, le rendez-vous pour la nuit, les signaux convenus, l'entente pour l'escalade sur l'échelle complice. Quelle scène extraordinaire en vérité, mouvementée et, en un sens, déjà si romantique! Quel contraste entre la fracassante brutalité d'Arnolphe et le langage pontifiant qu'il tenait à l'acte III dans son rôle de catéchiste et sermonnaire! Quel contraste aussi entre le grossier débordement de jalousie et de colère du vieil homme et le calme, l'alacrité et la grâce sereine des jeunes gens témoins de cette scène grotesque!

- **Le comique de la scène** — Dans la revue *l'École* (10 mai 1952), M. J. Vier écrit : « *Enfin après cent tours*, l'automate ayant achevé son circuit s'arrête et sort après des gestes saccadés et prévus. Arnolphe, spectateur de lui-même, est constamment invité à confronter son être à l'image qu'il en vient de donner. De quel œil verrions-nous le malin photographe qui fixerait de nous une image au moment où nous entendons conserver le secret sur nos attitudes? *Horace est l'examen de conscience d'Arnolphe.* Mais quelle joie pour le spectateur devant qui et pour qui de pareils tours sont faits! Arnolphe est mis littéralement au pillage; c'est à une véritable ripaille psychologique que Molière nous convoque :

> *Mon jaloux inquiet, sans dire son ennui,*
> *Est sorti de la chambre, et moi de mon étui.* »

① En quel sens peut-on dire qu'Horace est « l'examen de conscience d'Arnolphe »?

SCÈNE VII. — ARNOLPHE, *seul*.

Quoi! l'astre qui s'obstine à me désespérer
Ne me donnera pas le temps de respirer?
Coup sur coup je verrai, par leur intelligence,
1185 De mes soins vigilants confondre la prudence?
Et je serai la dupe, en ma maturité,
D'une jeune innocente et d'un jeune éventé?
En sage philosophe on m'a vu, vingt années,
Contempler des maris les tristes destinées,
1190 Et m'instruire avec soin de tous les accidents
Qui font dans le malheur tomber les plus prudents;
Des disgrâces [1] d'autrui profitant dans mon âme,
J'ai cherché les moyens, voulant prendre une femme,
De pouvoir garantir mon front de tous affronts,
1195 Et le tirer de pair [2] d'avec les autres fronts.
Pour ce noble dessein, j'ai cru mettre en pratique
Tout ce que peut trouver l'humaine politique [3];
Et comme si du sort il était arrêté
Que nul homme ici-bas n'en serait exempté,
1200 Après l'expérience et toutes les lumières
Que j'ai pu m'acquérir sur de telles matières,
Après vingt ans et plus de méditation
Pour me conduire en tout avec précaution,
De tant d'autres maris j'aurais quitté la trace
1205 Pour me trouver après dans la même disgrâce?
Ah! bourreau de destin, vous en aurez menti.
De l'objet [4] qu'on poursuit je suis encor nanti [5].
Si son cœur m'est volé par ce blondin funeste,
J'empêcherai du moins qu'on s'empare du reste [6],
1210 Et cette nuit, qu'on prend pour le galant exploit,
Ne se passera pas si doucement qu'on croit.
Ce m'est quelque plaisir, parmi [7] tant de tristesse,
Que l'on me donne avis du piège qu'on me dresse,
Et que cet étourdi, qui veut m'être fatal,
1215 Fasse son confident de son propre rival.

---

1. Des infortunes conjugales. — 2. L'élever au-dessus de..., afin qu'il ne soit pas confondu avec... — 3. Conduite adroite. — 4. La personne aimée (Agnès). — 5. En possession de . — 6. *Du reste* de la personne, nuance de gaillardise propre à Arnolphe. — 7. *Parmi* ne s'emploie aujourd'hui qu'avec le pluriel indéfini ou avec un singulier collectif (*parmi* les hommes, *parmi* le peuple), mais s'employait, au XVIIᵉ s., avec un nom singulier, même désignant une abstraction.

### SCÈNE VIII. — CHRYSALDE, ARNOLPHE.

CHRYSALDE. — Hé bien! souperons-nous avant la promenade?

ARNOLPHE. — Non, je jeûne ce soir.

CHRYSALDE. — D'où vient cette boutade?

ARNOLPHE. — De grâce, excusez-moi : j'ai quelque autre embarras.

CHRYSALDE. — Votre hymen résolu ne se fera-t-il pas?

ARNOLPHE. [1220] C'est trop s'inquiéter des affaires des autres.

CHRYSALDE. — Oh! oh! si brusquement! Quels chagrins sont les vôtres?
Serait-il point, compère [1], à votre passion
Arrivé quelque peu de tribulation [2]?
Je le jurerais presque à voir votre visage.

ARNOLPHE. [1225] Quoi qu'il m'arrive, au moins aurai-je l'avantage
De ne pas ressembler à de certaines gens
Qui souffrent doucement l'approche des galans [3].

CHRYSALDE. — C'est un étrange fait, qu'avec tant de lumières [4],
Vous vous effarouchiez [5] toujours sur ces matières,
[1230] Qu'en cela vous mettiez le souverain bonheur,
Et ne conceviez point au monde d'autre honneur.
Être avare, brutal, fourbe, méchant et lâche,
N'est rien, à votre avis, auprès de cette tache;
Et, de quelque façon qu'on puisse avoir vécu,
[1235] On est homme d'honneur quand on n'est point cocu.
A le bien prendre au fond, pourquoi voulez-vous croire
Que de ce cas fortuit dépende notre gloire,
Et qu'une âme bien née ait à se reprocher
L'injustice d'un mal qu'on ne peut empêcher?
[1240] Pourquoi voulez-vous, dis-je, en prenant une femme,
Qu'on soit digne, à son choix, de louange ou de blâme,
Et qu'on s'aille former un monstre plein d'effroi
De l'affront que nous fait son manquement de foi?
Mettez-vous dans l'esprit qu'on peut du cocuage
[1245] Se faire en galant homme [6] une plus douce image,
Que, des coups du hasard aucun n'étant garant,
Cet accident de soi doit être indifférent,
Et qu'enfin tout le mal, quoi que le monde glose [7],
N'est que dans la façon de recevoir la chose;

---

1. Terme d'amitié. — 2. Tourment, préoccupation. Aujourd'hui le mot tend à prendre le sens de *mésaventures* et à s'employer uniquement au pluriel. — 3. Voir p. 89, n. 8. — 4. Connaissance des choses. La Bruyère : « Une âme de premier ordre, pleine de ressources et de *lumières* » (*Caractères*, I). — 5. Vous vous rendiez *farouche*, intraitable. — 6. En homme qui a de l'usage, de la civilité, qui sait vivre. — 7. Quoi que le monde en puisse dire.

1250 Car, pour se bien conduire en ces difficultés,
Il y faut, comme en tout, fuir les extrémités,
N'imiter pas ces gens un peu trop débonnaires
Qui tirent vanité de ces sortes d'affaires,
De leurs femmes toujours vont citant les galants,
1255 En font partout l'éloge, et prônent leurs talents,
Témoignent avec eux d'étroites sympathies,
Sont de tous leurs cadeaux [1], de toutes leurs parties,
Et font qu'avec raison les gens sont étonnés
De voir leur hardiesse à montrer là leur nez.
1260 Ce procédé, sans doute, est tout à fait blâmable;
Mais l'autre extrémité n'est pas moins condamnable.
Si je n'approuve pas ces amis des galants,
Je ne suis pas aussi pour ces gens turbulents
Dont l'imprudent chagrin, qui tempête et qui gronde,
1265 Attire au bruit qu'il fait les yeux de tout le monde,
Et qui, par cet éclat, semblent ne pas vouloir
Qu'aucun puisse ignorer ce qu'ils peuvent avoir.
Entre ces deux partis il en est un honnête,
Où dans l'occasion l'homme prudent s'arrête;
1270 Et quand on le sait prendre, on n'a point à rougir
Du pis dont une femme avec nous puisse agir.
Quoi qu'on en puisse dire enfin, le cocuage
Sous des traits moins affreux aisément s'envisage;
Et, comme je vous dis, toute l'habileté
1275 Ne va qu'à le savoir tourner du bon côté.

ARNOLPHE. — Après ce beau discours, toute la confrérie [2]
Doit un remerciement à Votre Seigneurie [3];
Et quiconque voudra vous entendre parler
Montrera de la joie à s'y voir enrôler.

CHRYSALDE. -1280 Je ne dis pas cela, car c'est ce que je blâme;
Mais, comme c'est le sort qui nous donne une femme,
Je dis que l'on doit faire ainsi qu'au jeu de dés [4],
Où, s'il ne vous vient pas ce que vous demandez,
Il faut jouer d'adresse et, d'une âme réduite [5],
1285 Corriger le hasard par la bonne conduite.

---

1. Voir p. 79, n. 3. — 2. Celle des maris trompés.— 3. Le tailleur de M. Jourdain, dans *le Bourgeois gentilhomme*, donne à M. Jourdain la hiérarchie des titres. Il l'appelle successivement *Mon gentilhomme, Monseigneur, Votre Grandeur* (sans aller toutefois jusqu'à *l'Altesse*). Le titre dont Arnolphe pare ironiquement Chrysalde se disait en Italie, ainsi que *Votre Excellence;* on disait en Espagne *Votre Grâce.* — 4. Ces v. 1282-1285 sont une traduction libre et une adaptation des v. 738-741 des *Adelphes* de Térence (IV, 7), où Micion dit à Déméa : « ...comme je n'y peux rien, je me résigne. La vie humaine ressemble à une partie de *dés :* si le coup dont on a le plus besoin n'arrive pas, il faut corriger par *adresse* le coup amené par le hasard.» — 5. Soumise, docile. Le sens propre est : domptée.

ARNOLPHE. — C'est-à-dire dormir et manger toujours bien,
Et se persuader que tout cela n'est rien.

CHRYSALDE. — Vous pensez vous moquer; mais, à ne vous rien feindre,
Dans le monde je vois cent choses plus à craindre
1290 Et dont je me ferais un bien plus grand malheur
Que de cet accident qui vous fait tant de peur.
Pensez-vous qu'à choisir de deux choses prescrites,
Je n'aimasse pas mieux être ce que vous dites,
Que de me voir mari de ces femmes de bien,
1295 Dont la mauvaise humeur fait un procès sur rien,
Ces dragons de vertu[1], ces honnêtes diablesses[2],
Se retranchant toujours sur leurs sages prouesses,
Qui, pour un petit tort qu'elles ne nous font pas,
Prennent droit de traiter les gens de haut en bas,
1300 Et veulent, sur le pied de nous être fidèles[3],
Que nous soyons tenus à tout endurer d'elles?
Encore un coup, compère, apprenez qu'en effet
Le cocuage n'est que ce que l'on le fait,
Qu'on peut le souhaiter pour de certaines causes,
1305 Et qu'il a ses plaisirs comme les autres choses.

---

1. Personnes d'une vertu farouche (veillant sur la vertu comme le dragon de Colchide sur la Toison d'or). Les arquebusiers du roi (à cheval) s'étaient donné eux-mêmes le nom de *dragons*, signifiant, par cette allusion à des monstres fabuleux et terribles, leur volonté de se montrer redoutables. — 2. *Diablesse* se dit, au figuré, d'une femme méchante, acariâtre. — 3. En raison et en proportion de leur fidélité.

■■■■■■■■■■■■■■■■■■■■■■■■■■■■■■■■■■■■■■■■■■■■■■■■■■■■■■■■■■■■■■■■■

● **Les caractères**

① Que pensez-vous des conseils que CHRYSALDE donne à Arnolphe? Chrysalde parle-t-il tout à fait sérieusement? N'y a-t-il pas quelque malice dans ses propos? Montrez comment se manifeste ici la vérité des caractères, et comment ils éclatent au gré des circonstances.
Cette scène nous fait retrouver l'ARNOLPHE du début de la pièce, mais passé du mode ironique et goguenard au ton du dépit et de l'irritation. Dans cette nouvelle confrontation des deux personnages qui ouvraient la comédie, la situation est renversée : c'est Chrysalde ici qui parle avec assurance et doctoralement.

② Pourquoi les propos de Chrysalde blessent-ils Arnolphe? Pourquoi ce « porteur de la paix à tout prix » ne peut-il que décider Arnolphe à la guerre à outrance? et quel est par suite l'intérêt dramatique de cette scène?

③ Qu'est-ce qui explique l'arrivée de Chrysalde au début de la scène 8 (voir les v. 151-156), et qu'est-ce qui explique sa surprise?

■■■■■■■■■■■■■■■■■■■■■■■■■■■■■■■■■■■■■■■■■■■■■■■■■■■■■■■■■■■■■■■■■

ARNOLPHE. — Si vous êtes d'humeur à vous en contenter !
Quant à moi, ce n'est pas la mienne d'en tâter ;
Et plutôt que subir une telle aventure...

CHRYSALDE. — Mon Dieu ! ne jurez point, de peur d'être parjure.
1310 Si le sort l'a réglé, vos soins sont superflus,
Et l'on ne prendra pas votre avis là-dessus.

ARNOLPHE. — Moi ! je serais cocu ?

CHRYSALDE. —                          Vous voilà bien malade !
Mille gens le sont bien, sans vous faire bravade [1],
Qui de mine, de cœur, de biens et de maison,
1315 Ne feraient avec vous nulle comparaison [2].

ARNOLPHE. — Et moi, je n'en voudrais avec eux faire aucune.
Mais cette raillerie [3], en un mot, m'importune :
Brisons là, s'il vous plaît.

CHRYSALDE. —                          Vous êtes en courroux.
Nous en saurons la cause. Adieu. Souvenez-vous,
1320 Quoi que sur ce sujet votre honneur vous inspire,
Que c'est être à demi ce que l'on vient de dire,
Que de vouloir jurer qu'on ne le sera pas.

ARNOLPHE. — Moi, je le jure encore, et je vais de ce pas
Contre cet accident trouver un bon remède.
                    *(Il court heurter à sa porte.)*


SCÈNE IX. — ALAIN, GEORGETTE, ARNOLPHE.


ARNOLPHE. -1325 Mes amis, c'est ici que j'implore votre aide.
Je suis édifié de votre affection,
Mais il faut qu'elle éclate en cette occasion ;
Et si vous m'y servez selon ma confiance,
Vous êtes assurés de votre récompense.
1330 L'homme que vous savez (n'en faites point de bruit)
Veut, comme je l'ai su, m'attraper cette nuit,
Dans la chambre d'Agnès entrer par escalade ;
Mais il lui faut, nous trois, dresser une embuscade.
Je veux que vous preniez chacun un bon bâton,
1335 Et, quand il sera près du dernier échelon

---

1. Faire affront. — 2. Qui ne pourraient vous être comparés. — 3. Ce mot indique qu'il ne faut pas prendre trop au sérieux les propos de Chrysalde : Arnolphe même n'y voit qu'une plaisanterie ironique de mauvais goût. R. Jouanny (*Théâtre de Molière*, t. I) rapproche cette attitude du pantagruélisme qui se définit : « Une certaine gaîté d'esprit confite au mépris des choses fortuites. » Bossuet, pour le moins, exagère quand, dans ses *Maximes et Réflexions sur la comédie*, il reproche à Molière « d'étaler au grand jour les avantages d'une infâme tolérance pour les maris. »

(Car dans le temps qu'il faut j'ouvrirai la fenêtre),
Que tous deux, à l'envi, vous me chargiez ce traître,
Mais d'un air [1] dont son dos garde le souvenir,
Et qui lui puisse apprendre à n'y plus revenir;
1340 Sans me nommer pourtant en aucune manière,
Ni faire aucun semblant que je serai derrière.
Aurez-vous bien l'esprit [2] de servir mon courroux?

ALAIN. — S'il ne tient qu'à frapper, Monsieur, tout est à nous.
Vous verrez, quand je bats, si j'y vais de main morte.

GEORGETTE. -1345 La mienne, quoique aux yeux elle semble moins forte [3],
N'en quitte pas sa part à le bien étriller [4].

ARNOLPHE. — Rentrez donc, et surtout gardez de babiller.

(*Seul.*)

Voilà pour le prochain une leçon utile;
Et si tous les maris qui sont en cette ville
1350 De leurs femmes ainsi recevaient le galand,
Le nombre des cocus ne serait pas si grand [5].

---

1. Façon, manière. — 2. L'intention de... — 3. Variante (1663) : « elle *n'est pas si forte* ». La conjonction *quoique* se construit avec le subjonctif. On trouve cependant, au XVIIᵉ s., des exemples de *quoique* construit avec le conditionnel, avec le futur, avec l'indicatif présent. — 4. Battre, rosser. — 5. Cf. Plaute, *le Soldat fanfaron*, v. 1428 : « Si l'on en faisait autant à tous les galants, on n'en verrait pas tant ici qu'on en voit. »

━━━━━━━━━━━━━━━━━━━━━━━━━━━━━━━━━━━━━━━━━━━━━━━━━━━━━━━━

- **Arnolphe devant ses valets**
  ① Montrez les attitudes différentes qu'Arnolphe prend devant ses valets. — Pourquoi (v. 1325) les appelle-t-il *mes amis*? Leur parlera-t-il sur le même ton au début de l'acte V? En rappelant les scènes précédentes où il a eu affaire avec eux, vous montrerez que le ton et l'attitude varient selon la nature des services demandés et reçus. Quels traits de caractère dénote chez Arnolphe une telle mobilité? N'y a-t-il pas, au contraire, une certaine fixité dans le caractère des valets? A quoi sont-ils surtout sensibles? Que prouve leur goût pour les bastonnades à donner? *Aurez-vous bien l'esprit de servir mon courroux*? leur dit Arnolphe (v. 1342); serviront-ils leur maître avec esprit?

- **L'art des préparations** — Cette scène joint à l'intérêt psychologique (peinture des caractères) un intérêt dramatique : elle nous livre le plan de bataille d'Arnolphe et prépare l'action qui se déroulera pendant l'entracte, et dont nous aurons connaissance par le récit d'Horace.

- **Bilan de l'acte IV**
  ② Où en sommes-nous à la fin de cet acte, dans le temps et dans l'action? Vers quelle heure de la journée sommes-nous arrivés? Comment ont évolué les événements et les caractères? Dans quelle atmosphère de combat s'ouvre la nuit après une journée si fatale à Arnolphe?

━━━━━━━━━━━━━━━━━━━━━━━━━━━━━━━━━━━━━━━━━━━━━━━━━━━━━━━━

## ACTE V

Scène première. — ALAIN, GEORGETTE, ARNOLPHE.

ARNOLPHE. — Traîtres, qu'avez-vous fait par cette violence ?

ALAIN. — Nous vous avons rendu, Monsieur, obéissance.

ARNOLPHE. — De cette excuse en vain vous voulez vous armer :
1355 L'ordre était de le battre, et non de l'assommer ;
Et c'était sur le dos, et non pas sur la tête,
Que j'avais commandé qu'on fît choir la tempête [1].
Ciel ! dans quel accident [2] me jette ici le sort !
Et que puis-je résoudre [3] à voir cet homme mort ?
1360 Rentrez dans la maison, et gardez de rien dire
De cet ordre innocent [4] que j'ai pu vous prescrire.
Le jour s'en va paraître, et je vais consulter [5]
Comment dans ce malheur je me dois comporter.
Hélas ! que deviendrai-je ? et que dira le père,
1365 Lorsque inopinément il saura cette affaire ?

Scène II. — HORACE, ARNOLPHE.

HORACE, *à part.*
— Il faut que j'aille un peu reconnaître qui c'est.

ARNOLPHE, *se croyant seul.*
— Eût-on jamais prévu...
*(Heurté par Horace, qu'il ne reconnaît pas.)*
Qui va là, s'il vous plaît ?

HORACE. — C'est vous, Seigneur Arnolphe ?

ARNOLPHE. — Oui. Mais vous ?...

HORACE. — C'est Horace.
Je m'en allais chez vous, vous prier [6] d'une grâce.
1370 Vous sortez bien matin !

ARNOLPHE, *bas, à part.* — Quelle confusion [7] !
Est-ce un enchantement [8] ? est-ce une illusion [9] ?

---

1. Les coups. — 2. Quelle calamité. — 3. Décider. — 4. Qui ne visait pas à faire du mal. — 5. Me demander. — 6. *Prier de* s'employait comme aujourd'hui avec l'infinitif ; mais on disait aussi *prier que* suivi du subjonctif et *prier d'une chose*, comme ici. *Prier d'une grâce :* demander une faveur. Remarquer la faiblesse de la rime *Horace-grâce.* — 7. Quel mélange imprévu d'événements ! — 8. L'effet d'un charme magique. — 9. Apparence trompeuse.

HORACE.      — J'étais, à dire vrai, dans une grande peine,
Et je bénis du Ciel la bonté souveraine
Qui fait qu'à point nommé je vous rencontre ainsi.
1375 Je viens vous avertir que tout a réussi,
Et même beaucoup plus que je n'eusse osé dire,
Et par un incident qui devait tout détruire.
Je ne sais point par où l'on a pu soupçonner
Cette assignation [1] qu'on m'avait su donner;
1380 Mais, étant sur le point d'atteindre à la fenêtre,
J'ai, contre mon espoir, vu quelques gens paraître,
Qui, sur moi brusquement levant chacun le bras,
M'ont fait manquer le pied et tomber jusqu'en bas;
Et ma chute, aux dépens de quelque meurtrissure,
1385 De vingt coups de bâton m'a sauvé l'aventure [2].
Ces gens-là, dont était, je pense, mon jaloux,
Ont imputé ma chute à l'effort de leurs coups;
Et, comme la douleur, un assez long espace,
M'a fait sans remuer demeurer sur la place,
1390 Ils ont cru tout de bon qu'ils m'avaient assommé,
Et chacun d'eux s'en est aussitôt alarmé.
J'entendais tout leur bruit dans le profond silence :
L'un l'autre ils s'accusaient de cette violence;
Et sans lumière aucune, en querellant [3] le sort,
1395 Sont venus doucement tâter si j'étais mort.
Je vous laisse à penser si, dans la nuit obscure,
J'ai d'un vrai trépassé su tenir la figure.
Ils se sont retirés avec beaucoup d'effroi;
Et comme je songeais à me retirer, moi,
1400 De cette feinte mort la jeune Agnès émue
Avec empressement est devers moi venue;
Car les discours qu'entre eux ces gens avaient tenus
Jusques à son oreille étaient d'abord venus,
Et pendant tout ce trouble étant moins observée,
1405 Du logis aisément elle s'était sauvée.
Mais me trouvant sans mal, elle a fait éclater
Un transport difficile à bien représenter.
Que vous dirai-je? Enfin cette aimable personne
A suivi les conseils que son amour lui donne,
1410 N'a plus voulu songer à retourner chez soi,
Et de tout son destin s'est commise à ma foi.
Considérez un peu, par ce trait d'innocence,
Où l'expose d'un fou la haute impertinence [4],

---

1. « *Assignation* se prend aussi pour *rendez-vous* » (*Dict. de l'Acad.*, 1694). — 2. Évité la surprise de recevoir *vingt coups*... — 3. Accusant. — 4. La maladresse (du lat. *impertinens* : qui ne convient pas).

Et quels fâcheux périls elle pourrait courir
1415 Si j'étais maintenant homme à la moins chérir!
Mais d'un trop pur amour mon âme est embrasée :
J'aimerais mieux mourir que l'avoir abusée;
Je lui vois des appas dignes d'un autre sort,
Et rien ne m'en saurait séparer que la mort.
1420 Je prévois là-dessus l'emportement d'un père;
Mais nous prendrons le temps [1] d'apaiser sa colère.
A des charmes si doux je me laisse emporter,
Et dans la vie enfin il se faut contenter.
Ce que je veux de vous, sous un secret fidèle,
1425 C'est que je puisse mettre en vos mains cette belle,
Que dans votre maison, en faveur de mes feux,
Vous lui donniez retraite [2], au moins un jour ou deux.
Outre qu'aux yeux du monde il faut cacher sa fuite,
Et qu'on en pourra faire une exacte [3] poursuite,
1430 Vous savez qu'une fille aussi de sa façon
Donne avec un jeune homme un étrange soupçon;
Et comme c'est à vous, sûr de votre prudence,
Que j'ai fait de mes feux entière confidence,
C'est à vous seul aussi, comme ami généreux,
1435 Que je puis confier ce dépôt amoureux.

ARNOLPHE.  — Je suis, n'en doutez point, tout à votre service.

HORACE.  — Vous voulez bien me rendre un si charmant office?

ARNOLPHE.  — Très volontiers, vous dis-je, et je me sens ravir
De cette occasion que j'ai de vous servir;
1440 Je rends grâces au Ciel de ce qu'il me l'envoie,
Et n'ai jamais rien fait avec si grande joie.

HORACE.  — Que je suis redevable à toutes vos bontés!
J'avais de votre part craint des difficultés;
Mais vous êtes du monde [4], et dans votre sagesse
1445 Vous savez excuser le feu de la jeunesse.
Un de mes gens la garde au coin de ce détour [5].

ARNOLPHE.  — Mais comment ferons-nous? car il fait un peu jour
Si je la prends ici, l'on me verra peut-être;
Et s'il faut que chez moi vous veniez à paraître,
1450 Des valets causeront. Pour jouer au plus sûr,
Il faut me l'amener dans un lieu plus obscur.
Mon allée est commode, et je l'y vais attendre.

---

1. Nous attendrons l'occasion. — 2. Asile. — 3. Du lat. *exactus :* poussée jusqu'au bout. —
4. Vous connaissez les usages de la bonne société. — 5. *Détour* de rue, tournant.

HORACE.　　— Ce sont précautions qu'il est fort bon de prendre.
　　　　　　Pour moi, je ne ferai que vous la mettre en main,
　　　　　　[1455] Et chez moi, sans éclat [1], je retourne soudain.

ARNOLPHE, *seul*.

　　　　　　— Ah! fortune, ce trait d'aventure [2] propice
　　　　　　Répare tous les maux que m'a faits ton caprice!
　　　　　　*(Il s'enveloppe le nez de son manteau.)*

---

1. Sans bruit, pour ne pas attirer l'attention. — 2. De hasard.

■■■■■■■■■■■■■■■■■■■■■■■■■■■■■■■■■■■■■■■■■■■■■■■■■■■■■■■■■■■■■■■■

- **L'unité de temps et l'art des préparations** (V, 1)

  ① A quel moment sommes-nous des 24 heures concédées à l'action par la règle de l'unité de temps? Qu'annonce cette scène?

- **Le récit d'Horace** (v. 1371-1435) — Ce récit nous rend compte de ce qui s'est passé pendant l'entracte.

  ② Comment est-il composé? Quels jeux de scène suscite-t-il et quelles grimaces, quelle mimique chez Arnolphe?

  ③ Que pensez-vous de l'attitude d'Agnès? Est-elle généreuse ou imprudente, ou les deux à la fois? A quel danger aurait-elle pu s'exposer? Pourquoi y court-elle si légèrement? Qu'est-ce qui l'en sauve? Malgré le réalisme de Molière, le monde de la comédie est-il celui de la réalité?

  ④ Comment se précisent, au cours de ce récit, les caractères d'Agnès, d'Horace et d'Arnolphe? Sous quel trait nouveau apparaît Horace? Quelle preuve donne-t-il de sa délicatesse? Relevez les vers qui montrent l'honnêteté de ses sentiments à l'égard d'Agnès et, par là, le progrès de l'amour dans son cœur.

  Cette délicatesse conduit à une nouvelle péripétie. L'obstacle nouveau qui surgit ne fait que renforcer notre sympathie pour le jeune homme et notre sévérité pour Arnolphe; ainsi Molière, par ces inventions, ces coups de théâtre inattendus, ne cesse de rendre l'action prenante et progressive, jusqu'à la satisfaction finale que doit apporter le dénouement.

- **La parodie dans la comédie de Molière**

  Horace faisant le récit de son exploit (v. 1372-1435) ne s'exprime-t-il pas parfois sur un ton qui parodie la tragédie? Ne sent-on pas, dans l'élan qui l'anime et qui soutient sa narration, passer une sorte d'accent épique travesti qui rappelle — toute transposition faite du sérieux au comique — l'enthousiasme du Cid, par exemple, racontant sa bataille contre les Maures?

  Ainsi, la comédie de Molière peut apparaître comme une tragédie renversée, ou plutôt transposée dans le mode ironique de la vie familière.

- **Le comique d'Arnolphe**

  ⑤ Comique de situation. Quel est le vers où Arnolphe reçoit le nouveau pavé que lui lance Horace, sans pouvoir le moins du monde protester?

  ⑥ Comique de caractère. Arnolphe remercie la fortune de la chance inattendue qui paraît le servir en remettant Agnès entre ses mains. Quelle déception lui prépare cette aubaine inespérée?

■■■■■■■■■■■■■■■■■■■■■■■■■■■■■■■■■■■■■■■■■■■■■■■■■■■■■■■■■■■■■■■■

SCÈNE III. — AGNÈS, ARNOLPHE, HORACE.

HORACE, *à Agnès.*

    — Ne soyez point en peine où je vais vous mener :
    C'est un logement sûr que je vous fais donner.
1460 Vous loger avec moi, ce serait tout détruire;
    Entrez dans cette porte et laissez-vous conduire.
    *(Arnolphe lui prend la main sans qu'elle le reconnaisse.)*

AGNÈS, *à Horace.*

    — Pourquoi me quittez-vous ?

HORACE.     —                  Chère Agnès, il le faut.

AGNÈS.     — Songez donc, je vous prie, à revenir bientôt.

HORACE.     — J'en suis assez pressé par ma flamme amoureuse.

AGNÈS.     1465 Quand je ne vous vois point, je ne suis point joyeuse.

HORACE.     — Hors de votre présence, on me voit triste aussi.

AGNÈS.     — Hélas! s'il était vrai, vous resteriez ici.

HORACE.     — Quoi! vous pourriez douter de mon amour extrême ?

AGNÈS.     — Non, vous ne m'aimez pas autant que je vous aime.
    *(Arnolphe la tire.)*
1470 Ah! l'on me tire trop.

HORACE.     —              C'est qu'il est dangereux,
    Chère Agnès, qu'en ce lieu nous soyons vus tous deux;
    Et le parfait ami de qui la main vous presse
    Suit le zèle prudent qui pour nous l'intéresse [1].

AGNÈS.     — Mais suivre un inconnu que...

HORACE.     —              N'appréhendez rien :
1475 Entre de telles mains vous ne serez que bien.

AGNÈS.     — Je me trouverais mieux entre celles d'Horace.

HORACE.     — Et j'aurais...

AGNÈS, *à celui qui la tient.*

             Attendez...

HORACE.     —              Adieu, le jour me chasse.

AGNÈS.     — Quand vous verrai-je donc ?

HORACE.     —            Bientôt, assurément.

AGNÈS.     — Que je vais m'ennuyer [2] jusques à ce moment!

HORACE, *en s'en allant.*

1480 Grâce au Ciel, mon bonheur n'est plus en concurrence [3],
    Et je puis maintenant dormir en assurance [4].

---

1. Qui lui fait prendre notre intérêt. — 2. Sens fort : souffrir. A l'acte II, sc. 5, v. 464, Agnès disait à Arnolphe, qui lui demandait si elle s'était ennuyée pendant son absence : « Jamais je ne m'ennuie. » Arnolphe peut mesurer là le chemin parcouru. — 3. Exposé à la concurrence, à la compétition de mon rival. — 4. En toute sécurité.

SCÈNE IV. — ARNOLPHE, AGNÈS.

ARNOLPHE, *le nez dans son manteau et déguisant sa voix.*
  — Venez, ce n'est pas là que je vous logerai,
  Et votre gîte ailleurs est par moi préparé;
  Je prétends en lieu sûr mettre votre personne.
     *(Se faisant connaître.)*
1485 Me connaissez-vous?

AGNÈS, *le reconnaissant.* —    Hay!

ARNOLPHE. —      Mon visage, friponne,
  Dans cette occasion rend vos sens effrayés [1],
  Et c'est à contre-cœur qu'ici vous me voyez.
  Je trouble en ses projets l'amour qui vous possède.
  *(Agnès regarde si elle ne verra point Horace.)*
  N'appelez point des yeux le galant à votre aide :
1490 Il est trop éloigné pour vous donner secours.
  Ah! ah! si jeune encor, vous jouez de ces tours!
  Votre simplicité, qui semble sans pareille,
  Demande si l'on fait les enfants par l'oreille;
1495 Et vous savez donner des rendez-vous la nuit,
  Et pour suivre un galant vous évader sans bruit!
  Tudieu [2]! comme avec lui votre langue cajole [3]!
  Il faut qu'on vous ait mise à quelque bonne école.
  Qui diantre [4] tout d'un coup vous en a tant appris?
  Vous ne craignez donc plus de trouver des esprits [5]?
1500 Et ce galant, la nuit, vous a donc enhardie?
  Ah! coquine, en venir à cette perfidie!
  Malgré tous mes bienfaits former un tel dessein!
  Petit serpent que j'ai réchauffé dans mon sein,
  Et qui, dès qu'il se sent [6], par une humeur ingrate,
1505 Cherche à faire du mal à celui qui le flatte [7]!

AGNÈS. — Pourquoi me criez-vous [8]?

ARNOLPHE. —      J'ai grand tort en effet!

---

1. Vous effraie (tour latin). *Vos sens :* votre esprit. Le latin employait les mots *esprit, âme,* là où nous nous contentons du pronom personnel. Cf. Corneille, *le Cid,* v. 422 : « *Mon âme* avec plaisir te destinait ma fille. » — 2. Juron, abréviation de *vertudieu.* — 3. Caquète, jase comme un oiseau en cage; se repaît de belles paroles. *Cajoler,* qui s'écrivait anciennement *cageoler,* signifie, selon Richelet (1680) : dire des paroles civiles et obligeantes. Furetière (1690) écrit encore *cageoler* et nous apprend que « le mot s'est dit originairement au propre des enfants qui apprennent à parler. Les pères prennent plaisir à entendre leurs enfants quand *ils cageolent.* Ce mot vient apparemment de *cage,* où on apprend à parler aux oiseaux. Le mot signifie maintenant caresser quelqu'un afin d'attraper de lui quelque chose à force de flatterie... Se dit plus particulièrement des femmes et des filles auxquelles on fait l'amour [que l'on courtise] et dont on cherche à surprendre les faveurs à force de leur dire des douceurs et des flatteries. » — 4. Diable! — 5. Des revenants. — 6. Dès qu'il a repris vie. Allusion au proverbe bien connu : réchauffer un serpent dans son sein. — 7. Le caresse avec la main. — 8. Me grondez-vous.

AGNÈS. — Je n'entends point de mal dans tout ce que j'ai fait.

ARNOLPHE. — Suivre un galant n'est pas une action infâme?

AGNÈS. — C'est un homme qui dit qu'il me veut pour sa femme.
1510 J'ai suivi vos leçons, et vous m'avez prêché
Qu'il se faut marier pour ôter le péché.

ARNOLPHE. — Oui mais pour femme, moi, je prétendais vous prendre,
Et je vous l'avais fait, me semble [1], assez entendre.

AGNÈS. — Oui mais, à vous parler franchement entre nous,
1515 Il est plus pour cela selon mon goût que vous.
Chez vous le mariage est fâcheux et pénible,
Et vos discours en font une image terrible;
Mais, las! il le fait, lui, si rempli de plaisirs,
Que de se marier il donne des désirs.

ARNOLPHE. -1520 Ah! c'est que vous l'aimez, traîtresse!

AGNÈS. — Oui, je l'aime.

ARNOLPHE. — Et vous avez le front de le dire à moi-même!

AGNÈS. — Et pourquoi, s'il est vrai, ne le dirais-je pas?

ARNOLPHE. — Le deviez-vous aimer, impertinente?

AGNÈS. — Hélas!
Est-ce que j'en puis mais [2]? Lui seul en est la cause ;
1525 Et je n'y songeais pas lorsque se fit la chose.

ARNOLPHE. — Mais il fallait chasser cet amoureux désir.

AGNÈS. — Le moyen de chasser ce qui fait du plaisir?

ARNOLPHE. — Et ne savez-vous pas que c'était me déplaire?

AGNÈS. — Moi? point du tout. Quel mal cela vous peut-il faire?

ARNOLPHE. -1530 Il est vrai, j'ai sujet d'en être réjoui.
Vous ne m'aimez donc pas, à ce compte ?

AGNÈS. — Vous?

ARNOLPHE. — Oui.

AGNÈS. — Hélas! non.

ARNOLPHE. — Comment, non?

AGNÈS. — Voulez-vous que je mente?

ARNOLPHE. — Pourquoi ne m'aimer pas, Madame l'impudente [3]?

AGNÈS. — Mon Dieu, ce n'est pas moi que vous devez blâmer :
1535 Que ne vous êtes-vous, comme lui, fait aimer?
Je ne vous en ai pas empêché, que je pense.

ARNOLPHE. — Je me suis efforcé de toute ma puissance;
Mais les soins que j'ai pris, je les ai perdus tous.

---

1. Il me semble, ellipse de style familier. — 2. Qu'y puis-je, en suis-je coupable? Voir p. 96, n. 10. — 3. *Madame* est un titre qu'on donnait aux femmes et aux filles des bourgeois par flatterie. Employé ironiquement, comme ici, il constitue une sorte de superlatif péjoratif.

AGNÈS.        — Vraiment, il en sait donc là-dessus plus que vous;
              1540 Car à se faire aimer il n'a point eu de peine.
ARNOLPHE, *à part.*
              — Voyez comme raisonne et répond la vilaine [1]!
              Peste [2]! une précieuse en dirait-elle plus?
              Ah! je l'ai mal connue, ou, ma foi! là-dessus
              Une sotte en sait plus que le plus habile [3] homme.
                        *(Haut.)*
              1545 Puisque en raisonnement votre esprit se consomme [4],
              La belle raisonneuse, est-ce qu'un si long temps
              Je vous aurai pour lui nourrie à mes dépens?

---

1. *Vilain*, du lat. *villanus*, a signifié d'abord : paysan; puis : roturier, non noble. Cf. Régnier, *Sat.* XIII : « Riche *vilain* vaut mieux que pauvre gentilhomme. » — 2. *Peste! :* Encore un juron par où Arnolphe marque son étonnement. — 3. Savant. Ce vers exprime la moralité de la pièce, et c'est la propre condamnation d'Arnolphe. — 4. Du lat. *consummare*, atteindre à la dernière perfection. Archaïsme à ne pas confondre avec : consumer.

● **Le duo d'amour** (V, 3) — Cette scène imite, dans l'expression de l'amour, le ton de la tragédie; Molière, génie universel, a su parler tous les langages.
   ① Relevez les vers d'élégie où les deux héros accordés soupirent leur amour.

● **Le point culminant de l'action** (V, 4)
   ② Cette scène tout entière est bâtie sur les alternatives de dépit et d'amour qu'éprouve Arnolphe. Indiquez-en les divisions et le mouvement général. Que prouve cette alternance d'attitudes chez le personnage qui mêle aux saccades de l'automate au bout de son rouleau les reprises de l'homme vivant qui raisonne et qui souffre?
   ③ Au moment où commence la scène, quelle opinion Arnolphe a-t-il d'Agnès? Est-elle juste?
   ④ Quelles réflexions douloureuses à son amour-propre excite en lui son désir de vengeance? Comment se marque, dans tout le passage (v. 1488-1505), le trouble violent du personnage?
   ⑤ Après avoir apaisé sa colère, Arnolphe cherche à se reprendre et à convaincre Agnès. Cette tentative de discussion pose à nouveau la question du mariage. Qu'a retenu Agnès des fameuses *Maximes* sur les devoirs de la mariée énoncées au IIIe acte?
   ⑥ Dans le conflit qui les oppose, Agnès désarme Arnolphe. Par quels moyens? Relevez les réponses qui prouvent son bon sens. Relevez les coups qui blessent particulièrement Arnolphe.
   ⑦ Que pensez-vous de la réponse d'Agnès (v. 1527) :
                *Le moyen de chasser ce qui fait du plaisir?*
Cette morale purement instinctive est-elle sans danger? Qu'Agnès n'en connaisse pas d'autre, n'est-ce pas une conséquence du système d'éducation qu'Arnolphe a fait subir à Agnès?
   ⑧ Arnolphe s'imaginait que l'amour est le résultat d'une formation systématique, une lente et laborieuse construction. Que lui apprend la réponse d'Agnès (v. 1540)? Montaigne disait : « Quand je pourrais me faire craindre, j'aimerais mieux me faire aimer. » Arnolphe a-t-il suivi cette règle?

AGNÈS. — Non. Il vous rendra tout jusques au dernier double [1].

ARNOLPHE, *bas, à part.*

— Elle a de certains mots où mon dépit redouble.

*(Haut.)*

1550 Me rendra-t-il, coquine, avec tout son pouvoir,
Les obligations que vous pouvez m'avoir?

AGNÈS. — Je ne vous en ai pas d'aussi grandes qu'on pense [2].

ARNOLPHE. — N'est-ce rien que les soins d'élever votre enfance?

AGNÈS. — Vous avez là dedans [3] bien opéré vraiment,
1555 Et m'avez fait en tout instruire joliment!
Croit-on que je me flatte, et qu'enfin, dans ma tête,
Je ne juge pas bien que je suis une bête?
Moi-même, j'en ai honte; et, dans l'âge où je suis,
Je ne veux plus passer pour sotte, si je puis.

ARNOLPHE. -1560 Vous fuyez l'ignorance, et voulez, quoi qu'il coûte,
Apprendre du blondin quelque chose?

AGNÈS. — Sans doute.
C'est de lui que je sais ce que je puis savoir,
Et beaucoup plus qu'à vous je pense lui devoir.

ARNOLPHE. — Je ne sais qui me tient [4] qu'avec une gourmade [5]
1565 Ma main de ce discours ne venge la bravade [6].
J'enrage quand je vois sa piquante [7] froideur,
Et quelques coups de poing satisferaient mon cœur.

AGNÈS. — Hélas! vous le pouvez, si cela peut vous plaire.

ARNOLPHE, *à part.*

— Ce mot et ce regard désarme [8] ma colère,
1570 Et produit un retour de tendresse et de cœur [9],
Qui de son action m'efface la noirceur.
Chose étrange d'aimer, et que pour ces traîtresses
Les hommes soient sujets à de telles faiblesses!
Tout le monde connaît leur imperfection :

---

1. Petite monnaie de cuivre valant deux deniers, c'est-à-dire la sixième partie d'un sol, qui lui-même était la vingtième partie d'une livre. — 2. Il ne s'agit pas de droits juridiques, mais seulement moraux, puisqu'Arnolphe n'est pas le tuteur légal d'Agnès, comme Sganarelle dans *l'École des maris* l'était d'Isabelle par testament. — 3. En cela. Déjà dans la lettre qu'elle adressait à Horace, Agnès se doutait qu'elle était victime d'une ignorance systématiquement organisée : « Comme je commence à connaître, disait-elle, qu'on m'a toujours tenue dans l'ignorance, j'ai peur de mettre quelque chose qui ne soit pas bien. ». — 4. Ce qui me retient. — 5. Coup principalement sur la figure. *Se gourmer* signifiait : se battre à coups de poings. — 6. L'affront. — 7. Irritante. — 8. *Désarme*, au singulier, bien qu'il y ait deux sujets. Il n'y a pas de règles mécaniques concernant l'accord du verbe se rapportant à plusieurs sujets. Le choix de l'écrivain peut être dicté par toute une série de considérations très diverses et très délicates. Cf. F. Brunot et Ch. Bruneau, *Précis de grammaire historique*, p. 696-698. Molière emploie ici le singulier, parce que le pluriel était impossible avec *produit* au vers suivant et que le singulier se justifie si l'on entend : *ce mot*, en même temps que (ainsi que) *ce regard*, *désarme ma colère*. — 9. D'amour.

1575 Ce n'est qu'extravagance et qu'indiscrétion [1];
Leur esprit est méchant, et leur âme fragile [2];
Il n'est rien de plus faible et de plus imbécile [3],
Rien de plus infidèle : et malgré tout cela,
Dans le monde on fait tout pour ces animaux-là [4].

*(A Agnès.)*

1580 Hé bien! faisons la paix. Va, petite traîtresse,
Je te pardonne tout et te rends ma tendresse.
Considère par là l'amour que j'ai pour toi,
Et me voyant si bon, en revanche aime-moi.

AGNÈS. — Du meilleur de mon cœur je voudrais vous complaire.
1585 Que me coûterait-il, si je le pouvais faire?

ARNOLPHE. — Mon pauvre petit bec [5], tu le peux, si tu veux.

*(Il fait un soupir.)*

Écoute seulement ce soupir amoureux,
Vois ce regard mourant, contemple ma personne,
Et quitte ce morveux et l'amour qu'il te donne.
1590 C'est quelque sort qu'il faut qu'il ait jeté sur toi,
Et tu seras cent fois plus heureuse avec moi.
Ta forte passion est d'être brave et leste [6];
Tu le seras toujours, va, je te le proteste [7];
Sans cesse, nuit et jour, je te caresserai,
1595 Je te bouchonnerai [8], baiserai, mangerai;
Tout comme tu voudras, tu pourras te conduire;
Je ne m'explique point, et cela, c'est tout dire.

*(A part.)*

Jusqu'où la passion peut-elle faire aller!

*(Haut.)*

Enfin à mon amour rien ne peut s'égaler;
1600 Quelle preuve veux-tu que je t'en donne, ingrate?
Me veux-tu voir pleurer? Veux-tu que je me batte?
Veux-tu que je m'arrache un côté de cheveux [9]?
Veux-tu que je me tue? Oui, dis si tu le veux :
Je suis tout prêt, cruelle, à te prouver ma flamme.

AGNÈS. — 1605 Tenez, tous vos discours ne me touchent point l'âme;
Horace avec deux mots en ferait plus que vous.

---

1. Défaut de réflexion, de jugement, qui empêche de *discerner* et de choisir. — 2. « Spiri-
tuellement faible, qui succombe facilement, sujette à pécher » (*Dict.* de Furetière, 1690). —
3. Sens latin : dépourvu de soutien, de ressort, au moral comme au physique. Le mot renchérit
donc sur *faible*. — 4. Le ton d'Arnolphe corrige ce que cette irrévérence pourrait avoir
d'offensant : elle signe sa capitulation. — 5. Terme de tendresse : jolie petite bouche. —
6. *Brave* : élégante, bien mise; *leste* : d'une élégance pimpante (de l'italien *lesto*, agile). —
7. *Protester* (du bas-latin *protestari* : attester devant tout le monde, solennellement) :
promettre avec serment. — 8. *Bouchonner* (style comique et bas) : cajoler, caresser avec
amour. *Petit bouchon* était un terme de tendresse. — 9. *S'arracher les cheveux* est la marque
d'un grand désespoir, mais Arnolphe ne sacrifie qu'un côté de sa tête.

ARNOLPHE.    — Ah! c'est trop me braver, trop pousser mon courroux.
             Je suivrai mon dessein, bête trop indocile [1],
             Et vous dénicherez [2] à l'instant de la ville.
1610   Vous rebutez [3] mes vœux et me mettez à bout;
             Mais un cul de convent [4] me vengera de tout.


### Scène V. — ALAIN, ARNOLPHE.

ALAIN.    — Je ne sais ce que c'est, Monsieur, mais il me semble
             Qu'Agnès et le corps mort [5] s'en sont allés ensemble.

ARNOLPHE.    — La voici. Dans ma chambre allez me la nicher [6] :
                  *(A part.)*
1615   Ce ne sera pas là qu'il la viendra chercher;
             Et puis c'est seulement pour une demi-heure :
             Je vais, pour lui donner une sûre demeure,
             Trouver une voiture.
                  *(A Alain.)*
                  Enfermez-vous des mieux [7],
             Et surtout gardez-vous de la quitter des yeux.
                  *(Seul.)*
1620   Peut-être que son âme, étant dépaysée [8],
             Pourra de cet amour être désabusée.


### Scène VI. — ARNOLPHE, HORACE.

HORACE.    — Ah! je viens vous trouver, accablé de douleur.
             Le Ciel, Seigneur Arnolphe, a conclu mon malheur [9];
             Et par un trait fatal d'une injustice extrême,
1625   On me veut arracher de la beauté que j'aime.
             Pour arriver ici mon père a pris le frais [10];
             J'ai trouvé [11] qu'il mettait pied à terre ici près;
             Et la cause, en un mot, d'une telle venue,
             Qui, comme je disais, ne m'était pas connue,
1630   C'est qu'il m'a marié sans m'en écrire [12] rien,
             Et qu'il vient en ces lieux célébrer ce lien.

---

1. Le *pauvre petit bec* n'est plus qu'une *bête indocile* : nous passons du langage de la passion à celui de la colère. — 2. Partirez. — 3. Repoussez (*re* : en arrière; *buter* [bouter] : pousser). — 4. Le lieu le mieux gardé d'un couvent : voir p. 77, n. 3. L'expression revient à dire : au fond d'un couvent. — 5. Le *corps* d'Horace. — 6. Voir n. 2. — 7. Le mieux possible. La locution adverbiale *des mieux* était du style bas, selon Vaugelas, « et nullement du langage de la Cour »; « élégance de bas style », dit Chapelain. Dans ses éditions de 1694 et 1718, l'Académie française n'a pas noté cette locution.— 8. Détournée de sa préoccupation par le changement de lieu. — 9. A mis le comble à mon malheur. — 10. A voyagé de nuit, et va arriver.— 11. J'ai appris... — 12. *Récrire* (éd. de 1663).

Jugez, en prenant part à mon inquiétude,
S'il pouvait m'arriver un contre-temps plus rude.
Cet Enrique, dont hier [1] je m'informais à vous,
1635 Cause tout le malheur dont je ressens les coups;
Il vient avec mon père achever ma ruine [2],
Et c'est sa fille unique à qui l'on me destine.
J'ai, dès leurs premiers mots, pensé [3] m'évanouir;
Et d'abord, sans vouloir plus longtemps les ouïr,
1640 Mon père ayant parlé de vous rendre visite,
L'esprit plein de frayeur je l'ai devancé vite.
De grâce, gardez-vous de lui rien découvrir
De mon engagement [4] qui le pourrait aigrir;
Et tâchez, comme en vous il prend grande créance [5],
1645 De le dissuader de cette autre alliance.

ARNOLPHE. — Oui-da [6].

1. Une syllabe. — 2. Ma perte. — 3. Failli. — 4. Le mot s'employait le plus souvent dans le sens de : liaison amoureuse. — 5. Confiance. — 6. Terme familier pour : volontiers, de bon cœur.

● **Le désarroi d'Arnolphe** — Arnolphe voit avec curiosité et stupeur l'esprit s'éveiller chez Agnès, en même temps que l'amour, Lui qui se croyait à l'abri des ruses féminines (v. 74-75) et des subtilités des femmes savantes et précieuses (v. 244-248), il trouve dans les reparties d'Agnès une adresse qui le stupéfie (v. 1541-1544).
① Qu'a de particulièrement comique cette constatation?
Désarçonné par les cinglantes répliques d'Agnès, il fait appel à la reconnaissance qu'elle lui doit. A-t-il droit à cette gratitude? Qu'a d'humiliant pour lui la riposte d'Agnès? Qu'a-t-elle de significatif?
② Pourquoi, après avoir vainement cherché à raisonner, Arnolphe se met-il de nouveau en colère (v. 1564-1567)?
La douceur d'Agnès désarme sa violence, et met Arnolphe devant le mystère de l'amour. « *Ce mot et ce regard* devant quoi il fléchit (v. 1569), c'est, a-t-on remarqué, la situation de Pyrrhus devant Andromaque. » Nouvelle ressemblance de la comédie de Molière avec la tragédie de Racine. Dans sa déclaration d'amour (v. 1587-1604), le mélange de termes passionnés et de termes vulgaires trahit le conflit intime d'Arnolphe et dissipe, en même temps que ses gestes dérisoires, l'émotion que nous pourrions un instant éprouver pour l'homme qui souffre et implore. A travers sa souffrance réelle, ne joue-t-il pas une comédie bouffonne qui semble parodier et tourner en dérision ses propres sentiments?
③ Que pensez-vous de l'ultime concession faite à Agnès (v. 1596-97)?
④ Le nom d'*Horace* prononcé pour la première fois par Agnès (v. 1606) touche en plein cœur Arnolphe et le pousse à bout. Pourquoi?

● **Intérêt psychologique et dramatique de la scène**
⑤ Cette scène met en plein jour et dans leur vraie lumière les caractères d'Arnolphe et d'Agnès, et, en consommant la défaite d'Arnolphe, elle annonce le dénouement. Montrez-le.

| | | |
|---|---|---|
| HORACE. | — | Conseillez-lui de différer un peu,<br>Et rendez, en ami, ce service à mon feu[1]. |
| ARNOLPHE. | — | Je n'y manquerai pas. |
| HORACE. | — | C'est en vous que j'espère. |
| ARNOLPHE. | — | Fort bien. |
| HORACE. | — | Et je vous tiens mon véritable père. |

1650 Dites-lui que mon âge... Ah! je le vois venir.
Écoutez les raisons que je vous puis fournir.
*(Ils demeurent en un coin du théâtre.)*

### Scène VII. — ENRIQUE, ORONTE, CHRYSALDE, HORACE, ARNOLPHE.

ENRIQUE, *à Chrysalde*.
    — Aussitôt qu'à mes yeux je vous ai vu paraître,
Quand on ne m'eût rien dit, j'aurais su vous connaître [2].
J'ai reconnu les traits [3] de cette aimable sœur
1655 Dont l'hymen autrefois m'avait fait possesseur [4];
Et je serais heureux si la Parque cruelle
M'eût laissé ramener cette épouse fidèle,
Pour jouir avec moi des sensibles douceurs
De revoir tous les siens après nos longs malheurs.
1660 Mais puisque du destin la fatale puissance
Nous prive pour jamais de sa chère présence,
Tâchons de nous résoudre [5], et de nous contenter
Du seul fruit amoureux qui m'en ait pu rester [6];
Il vous touche de près, et, sans votre suffrage,
1665 J'aurais tort de vouloir disposer de ce gage.
Le choix du fils d'Oronte est glorieux de soi;
Mais il faut que ce choix vous plaise comme à moi.

CHRYSALDE. — C'est de mon jugement avoir mauvaise estime
Que douter si j'approuve un choix si légitime.

ARNOLPHE, *à part, à Horace*.
1670 Oui, je veux vous servir de la bonne façon.

HORACE, *à part, à Arnolphe*.
    — Gardez, encore un coup...

ARNOLPHE, *à Horace*.
    — N'ayez aucun soupçon.

ORONTE, *à Arnolphe*.
    — Ah! que cette embrassade est pleine de tendresse!

---

1. Mon amour. — 2. Reconnaître. — 3. Variante (1663) : « *Je vous vois tous* les traits .. » —
4. Ainsi Enrique est le beau-frère de Chrysalde. — 5. Nous résigner. — 6. Variante (1663) :
« *Qui m'en est pu rester* ». Le verbe *être* remplaçait *avoir* devant *pouvoir* et *vouloir*, considérés
comme auxiliaires d'un verbe qui se conjugue avec *être*.

ARNOLPHE.    — Que je sens à vous voir une grande allégresse!

ORONTE.    — Je suis ici venu...

ARNOLPHE.    —          Sans m'en faire récit,
1675 Je sais ce qui vous mène [1].

ORONTE.    —             On vous l'a déjà dit?

ARNOLPHE.    — Oui.

ORONTE.    —      Tant mieux.

ARNOLPHE.    —         Votre fils à cet hymen résiste,
Et son cœur prévenu [2] n'y voit rien que de triste [3];
Il m'a même prié de vous en détourner.
Et moi, tout le conseil que je vous puis donner,
1680 C'est de ne pas souffrir que ce nœud [4] se diffère,
Et de faire valoir l'autorité de père.
Il faut avec rigueur ranger [5] les jeunes gens,
Et nous faisons contre eux [6] à leur être indulgents.

HORACE, *à part*.
   — Ah! traître!

CHRYSALDE.    —        Si son cœur a quelque répugnance,
1685 Je tiens qu'on ne doit pas lui faire résistance [7].
Mon frère, que je crois, sera de mon avis.

---

1. Amène. Encore un exemple de l'emploi, si fréquent au XVIIᵉ s., du verbe simple pour le composé : voir p. 116, n. 2. — 2. Ayant contre ce mariage une *prévention* défavorable. — 3. Fâcheux, qui inspire du chagrin. — 4. Ce mariage. — 5. Remettre à leur place. — 6. Nous agissons contre leur intérêt.    7. Variante (1663) : *violence*.

---

● **Coup de théâtre**

① Quelle péripétie nouvelle (sc. 6) fait reprendre espoir à Arnolphe? Montrez comment le nouvel obstacle dressé devant Horace fait rebondir l'action et amène le dénouement.

② Que marque le mot à double sens adressé par Arnolphe à Horace (v. 1670)? Que nous révèle-t-il encore du caractère du personnage?

● **La peinture des caractères**

③ ARNOLPHE qui semblait être redevenu un homme, retourne à son automatisme. Montrez-le.

④ Montrez comment, dans les interventions d'Arnolphe et de CHRYSALDE, se marquent les caractères respectifs des deux personnages. Qu'a de particulièrement odieux le ton moralisant d'Arnolphe (v. 1676-1683 et 1688-1695)? Comment réapparaissent ici les conceptions autoritaires du personnage, attaché au pouvoir despotique des pères comme aux prétentions tyranniques des maris? Rapprochez le vers 1701 des vers 74-77.

● **L'action**

⑤ Montrez par quelles étapes le personnage d'Arnolphe se démasque enfin aux yeux d'Horace.

ARNOLPHE. — Quoi! se laissera-t-il gouverner par son fils?
Est-ce que vous voulez qu'un père ait la mollesse
De ne savoir pas faire obéir la jeunesse?
1690 Il serait beau vraiment qu'on le vît aujourd'hui
Prendre loi de qui doit la recevoir de lui!
Non, non, c'est mon intime, et sa gloire est la mienne;
Sa parole est donnée, il faut qu'il la maintienne,
Qu'il fasse voir ici de fermes sentiments,
1695 Et force de son fils tous les attachements.

ORONTE. — C'est parler comme il faut, et, dans cette alliance,
C'est moi qui vous réponds de son obéissance.

CHRYSALDE, *à Arnolphe.*
— Je suis surpris, pour moi, du grand empressement
Que vous nous faites voir pour cet engagement,
1700 Et ne puis deviner quel motif vous inspire...

ARNOLPHE. — Je sais ce que je fais, et dis ce qu'il faut dire.

ORONTE. — Oui, oui, Seigneur Arnolphe, il est...

CHRYSALDE. — Ce nom [1] l'aigrit :
C'est Monsieur de la Souche, on vous l'a déjà dit.

ARNOLPHE. — Il n'importe.

HORACE. — Qu'entends-je [2]!

ARNOLPHE, *se retournant vers Horace.*
— Oui, c'est là le mystère,
1705 Et vous pouvez juger ce que je devais faire.

HORACE. — En quel trouble...

SCÈNE VIII. — GEORGETTE, ENRIQUE, ORONTE,
CHRYSALDE, HORACE, ARNOLPHE.

GEORGETTE. — Monsieur, si vous n'êtes auprès,
Nous aurons de la peine à retenir Agnès;
Elle veut à tous coups s'échapper, et peut-être
Qu'elle se pourrait bien jeter par la fenêtre.

ARNOLPHE. -1710 Faites-la moi venir; aussi bien de ce pas
Prétends-je l'emmener.
*(A Horace.)*
Ne vous en fâchez pas :
Un bonheur continu rendrait l'homme superbe,
Et chacun a son tour, comme dit le proverbe.

---

1. Le nom d'Arnolphe, parce que saint Arnolphe était le patron des maris trompés. Voir p. 41, n. 1. — 2. Ici seulement Horace connaît sa méprise. L'intérêt dramatique a été soutenu jusqu'au bout.

HORACE. — Quels maux peuvent, ô Ciel! égaler mes ennuis!
1715 Et s'est-on jamais vu dans l'abîme où je suis?

ARNOLPHE, à Oronte.
— Pressez vite le jour de la cérémonie :
J'y prends part, et déjà moi-même je m'en prie [1].

ORONTE. — C'est bien là mon dessein [2].


SCÈNE IX. — AGNÈS, ALAIN, GEORGETTE, ORONTE,
ENRIQUE, ARNOLPHE, HORACE, CHRYSALDE.

ARNOLPHE, à Agnès.
—                       Venez, belle, venez,
Qu'on ne saurait tenir [3], et qui vous mutinez.
1720 Voici votre galant, à qui, pour récompense,
Vous pouvez faire une humble et douce révérence [4].
Adieu.
                    (A Horace.)
                    L'événement trompe un peu vos souhaits;
Mais tous les amoureux ne sont pas satisfaits.

AGNÈS. — Me laissez-vous, Horace, emmener de la sorte?

HORACE. -1725 Je ne sais où j'en suis, tant ma douleur est forte.

ARNOLPHE. — Allons, causeuse, allons.

AGNÈS. —                       Je veux rester ici.

ORONTE. — Dites nous ce que c'est que ce mystère-ci.
Nous nous regardons tous, sans le pouvoir comprendre.

ARNOLPHE. — Avec plus de loisir je pourrai vous l'apprendre.
Jusqu'au revoir.

ORONTE. -1730         Où donc prétendez-vous aller?
Vous ne nous parlez point comme il nous faut parler.

ARNOLPHE. — Je vous ai conseillé, malgré tout son murmure [5],
D'achever l'hyménée.

ORONTE. —                       Oui. Mais pour le conclure,
Si l'on vous a dit tout, ne vous a-t-on pas dit
1735 Que vous avez chez vous celle dont il s'agit?
La fille qu'autrefois de l'aimable Angélique,
Sous des liens secrets, eut le seigneur Enrique?
Sur quoi votre discours était-il donc fondé?

CHRYSALDE. — Je m'étonnais aussi de voir son procédé.

---

1. Je m'y invite. — 2. Variante (1663) : « C'est bien *notre* dessein. » — 3. Retenir. Voir p. 116, n. 2, 117, n. 1... — 4. Allusion méchante aux révérences de la scène 5 de l'acte II, v. 485-502. — 5. Tout ce qu'elle peut dire.

ARNOLPHE. —[1740] Quoi?...

CHRYSALDE. — 　　　　D'un hymen secret ma sœur eut une fille,
Dont on cacha le sort à toute la famille.

ORONTE. — Et qui sous de feints noms, pour ne rien découvrir,
Par son époux aux champs fut donnée à nourrir.

CHRYSALDE. — Et dans ce temps, le sort, lui déclarant la guerre,
[1745] L'obligea de sortir de sa natale terre [1].

ORONTE. — Et d'aller essuyer mille périls divers
Dans ces lieux séparés de nous par tant de mers.

CHRYSALDE. — Où ses soins ont gagné ce que dans sa patrie
Avaient pu lui ravir l'imposture et l'envie.

ORONTE. —[1750] Et de retour en France, il a cherché d'abord
Celle à qui de sa fille il confia le sort.

CHRYSALDE. — Et cette paysanne a dit avec franchise
Qu'en vos mains à quatre ans elle l'avait remise.

ORONTE. — Et qu'elle l'avait fait sur votre charité [2],
[1755] Par un accablement d'extrême pauvreté.

CHRYSALDE. — Et lui, plein de transport et l'allégresse en l'âme,
A fait jusqu'en ces lieux conduire cette femme.

ORONTE. — Et vous allez enfin la voir venir ici,
Pour rendre aux yeux de tous ce mystère éclairci [3].

CHRYSALDE. —[1760] Je devine à peu près quel est votre supplice;
Mais le sort en cela ne vous est que propice.
Si n'être point cocu vous semble un si grand bien,
Ne vous point marier en est le vrai moyen.

ARNOLPHE, *s'en allant tout transporté, et ne pouvant parler.*
— Oh [4]!

ORONTE. — 　　　　D'où vient qu'il s'enfuit sans rien dire?

HORACE. — 　　　　　　　　　　　　　　Ah! mon père,
[1765] Vous saurez pleinement ce surprenant mystère.
Le hasard en ces lieux avait exécuté
Ce que votre sagesse avait prémédité.
J'étais par les doux nœuds d'une amour [5] mutuelle

---

1. Au XVIIᵉ s., l'adjectif épithète se plaçait généralement après le substantif. Il y a cependant, disait Vaugelas, des adjectifs que l'on met toujours devant les substantifs, d'autres que l'on met toujours après. « Pour les autres, il faut s'en rapporter à l'oreille et à l'usage. » — 2. En comptant *sur votre charité.* — 3. Nouvel exemple de ce tour latin pour : éclaircir. Voir le v. 150. — 4. L'édition de 1734 remplace cette interjection par *ouf!* Mais dès les premières représentations, Molière, à la scène, remplaçait ce *ouf!* (de style noble) par *ouf!* de style plus comique, ainsi qu'en témoigne la critique de Boursault (*Portrait du peintre*, 1663, sc. 2) : « Verra-t-on, en lisant, fût-on grand philosophe, — Ce que veut dire un *ouf* qui fait la catastrophe? — Baron, ouf! Que dis-tu de ce *ouf* placé là? » — 5. Variante (1663) : *ardeur.*

Engagé de parole avecque [1] cette belle;
1770 Et c'est elle, en un mot, que vous venez chercher,
Et pour qui mon refus a pensé vous fâcher [2].

ENRIQUE. — Je n'en ai point douté d'abord que je l'ai vue,
Et mon âme depuis n'a cessé d'être émue.
Ah! ma fille, je cède à des transports si doux.

CHRYSALDE. -1775 J'en ferais de bon cœur, mon frère, autant que vous,
Mais ces lieux et cela ne s'accommodent guères [3].
Allons dans la maison débrouiller ces mystères [4],
Payer à notre ami [5] ces soins officieux [6],
Et rendre grâce au Ciel qui fait tout pour le mieux.

---

1. *Avecque* (avec) fut employé jusque vers 1688. — 2. *Vous fâcher* quand, à cause d'elle, je refusais toute autre. — 3. Jusqu'en 1835, les deux orthographes *guère* et *guères* étaient admises. A partir de 1835, *guères* ne se rencontre plus que dans les vers, pour la rime ou la mesure. — 4. Mettre au clair et régler ces affaires compliquées. — 5. Arnolphe. — 6. Ces soins qui nous ont bien servi. Étant donné la nature de ces *soins* et l'esprit dans lequel ils ont été donnés, il est permis de voir dans le démonstratif une certaine ironie.

------

● **Le dernier feu d'Arnolphe** — On remarquera que l'intervention de Georgette (sc. 8) est symétrique de celle d'Alain (sc. 5).
① En quoi sont comiques les mots hautains et gouailleurs adressés par Arnolphe à Horace (v. 1712-1713)? Arnolphe emploie la même ironie dédaigneuse et blessante à l'égard d'Agnès (v. 1720-1721). A quoi fait-il allusion au v. 1721? Que pensez-vous de sa malice?
② Montrez comment Molière, en prolongeant l'erreur d'Arnolphe, lui permet de se faire jusqu'au bout, malgré lui, l'artisan du mariage d'Horace et de parachever, au bénéfice de ce dernier, son rôle comique de confident malgré lui.

● **Le dénouement** — Selon la dramaturgie classique et l'habitude de Molière, la comédie présente un type de dénouement plus ou moins postiche qui apporte une impression de soulagement et de satisfaction, en montrant le personnage antipathique obligé de renoncer à ses prétentions et de s'effacer pour que les deux jeunes héros puissent être heureux. C'est aussi une tradition du dénouement que de rassembler le plus grand nombre de personnages possible pour montrer la troupe au grand complet; le dénouement de *l'École des femmes* rassemble tous les personnages, à l'exception du Notaire.
Le *oh!* final sur lequel disparaît Arnolphe apparaît « comme le gémissement qu'élève une voix humaine quand elle se tait », dit Claudel.

● **La stichomythie** — Le récit romanesque qui aboutit au mariage d'Horace et d'Agnès est fait sous forme de distiques que disent tour à tour Chrysalde et Oronte, et commençant par *et*. Cette sorte de dialogue, formé de courtes répliques chacune s'étendant sur deux vers, loin de marquer comme d'ordinaire l'opposition, la lutte, marque l'accord parfait entre les deux personnages qui se réjouissent également du dénouement heureux et sympathisent dans l'effusion partagée d'un même sentiment de satisfaction.

# DOSSIER PÉDAGOGIQUE

## 1. Une pièce mal faite?

*La Critique de « l'École des femmes »* nous renseigne sur les reproches adressés à Molière. Des reproches de forme tout d'abord. Lysidas, auteur mondain dans ce dialogue scénique imaginé par Molière pour répondre aux critiques, estime que *l'École des femmes* « n'est pas approuvée par les connaisseurs » (sc. 6, éd. Bordas, l. 505), que la pièce « pèche contre toutes les règles de l'art » (l. 685), et il y relève de nombreux défauts : il n'y a pas d'action, mais seulement des récits; la scène 2 du premier acte lui paraît « d'une longueur ennuyeuse et tout à fait impertinente » (l. 764); le personnage d'Arnolphe est incohérent, à la fois ridicule et généreux (avec Horace)...

Voltaire, pour sa part, préférait *l'École des maris* à cette comédie dont le dénouement lui semblait « postiche ».

— Vous relèverez tout ce qu'il peut y avoir d'incohérent ou du moins d'invraisemblable dans *l'École des femmes* du point de vue de la progression dramatique. Les invraisemblances ne peuvent-elles pas s'expliquer par les servitudes du genre au xviie siècle? La comédie n'a-t-elle pas, en réalité, une ordonnance profonde et sûre, tant du point de vue de sa construction que de celui des caractères?

## 2. Une pièce scandaleuse?

Plutôt que mal faite, *l'École des femmes* a surtout été sévèrement jugée par les contemporains, pour certaines répliques trop libres, de mauvais goût, voire franchement inconvenantes.

Dans *la Critique*, Climène, « la plus grande façonnière du monde » (l. 79), revient indignée de la représentation de *l'École des femmes*. Elle se dit outragée et ajoute (sc. 3, l. 165) : « Je mets en fait qu'une honnête femme ne la saurait voir sans confusion, tant j'y ai découvert d'ordures et de saletés. »

RACINE, dans sa Préface des *Plaideurs*, reprend ces propos et se flatte d'avoir, dans sa propre comédie, évité « ces sales équivoques et [...] ces malhonnêtes plaisanteries [...] qui font retomber le théâtre dans la turpitude » (éd. Bordas, l. 54-56).

La scène 5 du deuxième acte de *l'École des femmes*, où se développe l'équivoque sur l'article *le,* a beaucoup choqué. « Il n'y a rien de plus scandaleux », écrit LE PRINCE DE CONTI.

BOURSAULT, obscur auteur chargé de ridiculiser Molière par une comédie, *le Portrait du peintre*, fait dire à deux de ses personnages :

« Il est vrai que ce *le* contente bien du monde;
C'est un *le* fait exprès pour les gens délicats. »
« Elle est maligne, au moins; ne vous y fiez pas,
Car je sais que ce *le* lui paraît détestable. »

Uranie, personnage qui dans *la Critique de « l'École des femmes »* défend Molière, réplique avec bon sens à ces accusations (sc. 3, l. 168) : « Il faut donc que pour les ordures vous ayez des lumières que les autres n'ont pas. » [...] « les obscénités que vous y mettez sont inexistantes; elles sont les fruits corrompus d'esprits mal tournés et voyant le mal partout, y compris et surtout dans l'innocence. » JEAN CALVET, en 1950, voit de l'habileté dans la réplique d'Uranie — c'est-à-dire en vérité de Molière; la comédie, écrit-il, est « menée par des personnages d'un relief accusé, truffée de plaisanteries gauloises et de ces obscénités si adroitement voilées qu'on n'en peut suspecter tout haut l'innocence sans se faire accuser de perversion ». — Estimez-vous que Molière dans *l'École des femmes* tient des propos « orduriers »? L'équivoque du célèbre *le* dans la scène du ruban (II, 5) n'est-elle pas cependant, un peu leste? Molière a-t-il délibérément recherché cet effet? Ses censeurs ne pourraient-ils pas relever d'autres gauloiseries dans la pièce?

— Les mœurs ont changé depuis le XVIIe siècle; on ne saurait plus s'offusquer des plaisanteries de Molière; au contraire, elles provoquent le rire. Mais n'a-t-il cherché, par de bons mots, qu'à amuser ou n'exprime-t-il pas aussi la vérité des caractères?

## 3. Les intentions de Molière

Plus encore que pour ces « malhonnêtes plaisanteries », les défenseurs de la morale chrétienne condamnaient la comédie pour son immoralité.

BOSSUET demande de réprouver « les discours où [...] ce grave réformateur des mines et des expressions de nos précieuses étale cependant au grand jour les avantages d'une infâme tolérance dans les maris, et sollicite les femmes à de honteuses vengeances contre leurs jaloux ».

DONNEAU DE VISÉ, qui anima la querelle de *l'École des femmes*, déclare : « Je ne dirai point que le sermon d'Arnolphe fait à Agnès et que les dix maximes du mariage choquent nos mystères, puisque tout le monde en murmure hautement. »

Un personnage de la pièce de Boursault accuse Molière d'avoir tourné en dérision ce sermon d'Arnolphe :

« Outre qu'un satirique est un homme suspect,
Au seul mot de sermon nous devons du respect [...].
Un sermon touche l'âme et ne fait jamais rire [...].
Pour ce que l'on respecte on n'a point de mépris. »

JEAN CALVET blâme Molière de s'en être bel et bien pris à la morale chrétienne « donnée alors à la jeune fille de la bourgeoisie », en prétendant « démontrer que cette éducation des couvents, sans air et sans horizon, qui était destinée à protéger son innocence, la préparait au contraire et la poussait aux inconséquences les plus osées (...). On sait qu'un [des] buts [de la Réforme catholique] avait été la restauration de la famille chrétienne et du caractère sacré du mariage [...]. La jeune fille qui se mariait entrait pour ainsi dire en religion, se cloîtrait dans le foyer comme en un sanctuaire, décidée à y vivre pour son mari et pour ses enfants, bornant sa science, comme le dit Arnolphe, à "savoir prier Dieu, aimer son mari, coudre et filer" ».

ANTOINE ADAM croit, lui aussi, à cette intention de Molière, mais sans la réprouver :

« Certains critiques, obstinés à rétrécir la signification des chefs-d'œuvre, refusent de voir dans *l'École des femmes* une satire de la morale religieuse. Mais ils se gardent bien d'apporter en faveur de leur négation le moindre argument de fait. Trouvent-ils, dans tout le répertoire de l'époque, une seule scène où soit mise en cause l'idée de péché, comme elle l'est par Agnès? Et croient-ils qu'en traitant ainsi un sujet interdit, Molière n'avait pas conscience de son audace? »

La critique du XIXᵉ siècle ne déterminait pas aussi nettement la portée anti-religieuse de la comédie, mais FERDINAND BRUNETIÈRE reconnaissait que Molière, pour ses contemporains, « franchissait les limites, qu'il étendait les droits de son art jusque sur des objets qui devaient lui demeurer étrangers, qu'il sortait insolemment de son rôle d'amuseur public ».

Pour RENÉ JASINSKI c'est moins la religion que la morale traditionnelle qui est visée :

« *L'École des femmes* réagit contre les sévérités de l'organisation familiale traditionnelle et le prosaïsme bourgeois. »

SUZANNE ROSSAT-MIGNOT considère Molière comme le « seul écrivain du XVIIᵉ siècle qui ait osé montrer, dans une pièce de théâtre, que des hommes autoritaires pouvaient utiliser les dogmes religieux dans leur intérêt, pour asservir jusqu'à la pensée de leurs victimes ».

PAUL BÉNICHOU rappelle que « Brunetière, qui du reste souligne en général le caractère subversif de la morale de Molière, s'avoue franchement choqué par ses jeunes filles [...]. Le dernier mot de Molière en matière de philosophie conjugale est que la confiance encourage la fidélité, que la contrainte, au contraire, crée la haine et la révolte [...]. La morale que Molière fait prêcher par ses jeunes filles, au sein des familles bourgeoises, vient en droite ligne des romans [...]. Le féminisme de Molière se présente donc comme un accord de la galanterie noble et de la franchise et de l'humour plébéiens [...]. Bien des héroïnes de ses comédies ont encore de quoi scandaliser passablement les familles bourgeoises. Armande y passerait pour folle, mais Agnès pour ' vicieuse ', et nul n'ignore que le second grief est beaucoup plus grave que le premier [...]. Agnès va droit à ce qui lui plaît, avec une spontanéité qui défie toute morale :

*Le moyen de chasser ce qui fait du plaisir ?* (v. 4).

» Son ingénuité est si redoutable, qu'on a rarement osé regarder bien en face cette ' inquiétante ' créature. »

RENÉ BRAY, lui, n'aperçoit dans *l'École des femmes* aucune intention hostile à la morale traditionnelle ou à la religion :

« L'action [...] se situe de toute évidence dans l'irréel. Les personnages sont fictifs, non moins que les événements qui les unissent. Peu importe que le spectateur en ait une conscience actuelle. Il sait plus ou moins vaguement qu'il s'est évadé de l'existence habituelle [...] des soucis surtout. »

— Estimez-vous qu'avec *l'École des femmes*, sa première grande comédie, Molière, par le sujet même de la pièce et la façon dont il le développe, sort de son rôle d' « amuseur public »? ou bien tout n'est-il que fiction théâtrale et fantaisie?

— Pensez-vous, comme certains critiques d'aujourd'hui encore, que Molière remet en cause l'éducation des jeunes filles, ainsi que l'idée chrétienne de « péché »?

L'ostracisme dont *l'École des femmes* a souvent été victime dans les programmes scolaires (voir Introduction p. 14), s'explique peut-être par l'audace du sujet mais cette audace ne consisterait-elle pas à faire rire du cocuage auquel involontairement se prépare Arnolphe (la comédie de Molière, *Sganarelle ou le Cocu imaginaire*, est antérieure de deux ans à *l'École des femmes*) ? Garde-t-on rancune à Molière parce qu'il aurait bafoué le mariage en tournant en dérision les maximes qu'Arnolphe fait lire à Agnès? Ou nous gêne-t-il, tout simplement, parce qu'il parle de choses dont on ne doit pas parler? Rendant compte d'une matinée scolaire à la Comédie-Française, ROBERT KEMP a écrit, avec un sourire narquois : « Les lycéennes [...] ne feignaient pas de ne point comprendre, comme elles font encore peut-être à la table paternelle. La préparation au bachot serait-elle, mieux qu'on ne dit, une préparation à la vie? » La question ne vise certes pas le « bachot », mais les mœurs. Climène n'a qu'une faible descendance aujourd'hui; Uranie triomphe. Mais les « prudo-magnes » ont-elles dit leur dernier mot (voir *les Précieuses ridicules*, éd. Bordas)?

## ICONOGRAPHIE

### 1. Le personnage d'Agnès

— Des différentes interprètes que vous proposent les documents iconographiques, laquelle vous semble le mieux convenir au rôle d'Agnès?

— Agnès doit-elle ressembler à une jeune fille naïve, à une petite oie sans malice aucune? Ou bien faut-il que, derrière la naïveté du personnage, perce, dès le début de la comédie, une certaine rouerie? MADELEINE OZERAY évoque en ces termes son interprétation d'Agnès : « Quand je lus les dix *Maximes du mariage*, jamais je ne pourrai dépeindre l'émotion qui me serrait la gorge.

» A la septième maxime, les larmes me couvrirent les yeux et tombèrent sur le livre.

» — Tu as gagné, me dit Jouvet sous les applaudissements [...]. Vous avez gagné votre couronne de lauriers, Agnès. Bravo.

» — Vous m'avez réconcilié avec l'innocence, me dit Tristan Bernard. »

GEORGES BORDONOVE évoque ainsi la scène 2 de l'acte III : « Quand

[Arnolphe] ordonne [à Agnès] de lire les *Maximes du mariage*, elle s'exécute docilement : mais quelles perspectives cette lecture ne peut-elle ouvrir sur sa psychologie, selon le ton et l'expression adoptés par l'actrice! Il y a là le pivot de la pièce, son articulation principale. »

— Pourquoi le rôle d'Agnès est-il si délicat à interpréter dans cette scène? Quelle *ambiguïté* doit exprimer l'actrice? Gisèle Casadesus écrit de son côté, à propos des théories d'Arnolphe sur l'éducation d'Agnès (I, 1, vers 135-148, 158-164) :

« Existe-t-il, à Paris, en 1961, une jeune actrice qui puisse répondre aux exigences d'un tel portrait moral, et qui puisse prononcer, sans mentir effrontément, la réplique extraordinaire qui est la clef du personnage? »

— Pouvez-vous proposer le nom d'une actrice qui en serait capable?

## 2. Le personnage d'Arnolphe

Arnolphe est le personnage sur lequel reposent les effets comiques essentiels de la comédie. Nous savons qu'il fut interprété avec extravagance par Molière lui-même : roulements d'yeux, soupirs, larmes, accès de colère sinon de rage à la scène 2 de l'acte II.

— Quel acteur verriez-vous le mieux dans ce rôle? Lui faudrait-il, comme Molière, accentuer le burlesque? Arnolphe n'est-il pas un bourgeois qui se prend au sérieux dans ses projets, dans ses propos? Ne présente-t-il pas, en outre, des côtés odieux et d'autres pitoyables? Déterminez les nuances à respecter dans l'interprétation de ce rôle, voire dans l'aspect physique, l'habillement et le maquillage de l'acteur.

## 3. Le personnage d'Horace

— Faut-il jouer Horace comme le voit Arnolphe, en « blondin »? Son rôle est-il tout d'une pièce, celui d'un jeune homme amoureux, inexpérimenté, sympathique, aux intentions pures? Est-il, comme se plaît à l'imaginer Robert Kemp dans une *Suite à « l'École des femmes »*, un futur comte Almaviva?

— L'acteur doit-il être habillé comme l'est Jacques Toja ou avec abondance de plumes et de rubans, « empanaché comme un mousquetaire »?

# BIBLIOGRAPHIE

Molière, *la Critique de « l'École des femmes »*, présentation de Georges Bonneville, éditions Bordas.

Ferdinand Brunetière, *Revue des Deux Mondes* (1er septembre 1890).

Ferdinand Brunetière, *les Époques du théâtre français,* 1892.

René Jasinski, *Histoire de la littérature française,* tome I, Hatier, 1947.

Paul Bénichou, *Morales du grand siècle,* p. 256-363, Gallimard, 1948; 1969.

Jean Calvet, *Molière est-il chrétien?,* 1950.

Antoine Adam, *Histoire de la littérature française* au XVIIe siècle, tome III, p. 284-285, Del Duca, 1952.

René Bray, *Molière, homme de théâtre,* Mercure de France, 1954.

Europe, revue littéraire, *Tout sur Molière* (mai-juin 1961; janvier-février 1966; novembre-décembre 1972).

Georges Bordonove, *Molière génial et familier,* P. Laffont, 1967.

René Jasinski, *Molière,* Hatier, Connaissance des Lettres, 1969.

Paul Ginestier, *Valeurs actuelles du théâtre classique,* Bordas, collection « Études », 1975.

Gabriel Conesa, *Le dialogue moliéresque,* P.U.F., 1983.

Jacques Truchet, *Thématique de Molière,* S.E.D.E.S., 1985.

# TABLE DES MATIÈRES

Imprimerie Jean-Lamour, 54320 Maxéville
Dépôt légal : juillet 1992 — Dépôt légal 1re édition : 1963
*Imprimé en France.*